Beate Weisbarth · Christoph Henkel

Karriereziel Fußballprofi

Beate Weisbarth
Christoph Henkel

Karriereziel Fußballprofi

Bildung und Sport
im Einklang

VS VERLAG

Bibliografische Information der Deutschen Nationalbibliothek
Die Deutsche Nationalbibliothek verzeichnet diese Publikation in der
Deutschen Nationalbibliografie; detaillierte bibliografische Daten sind im Internet über
<http://dnb.d-nb.de> abrufbar.

1. Auflage 2011

Alle Rechte vorbehalten
© VS Verlag für Sozialwissenschaften | Springer Fachmedien Wiesbaden GmbH 2011

Lektorat: Dorothee Koch

VS Verlag für Sozialwissenschaften ist eine Marke von Springer Fachmedien.
Springer Fachmedien ist Teil der Fachverlagsgruppe Springer Science+Business Media.
www.vs-verlag.de

Umschlaggestaltung: KünkelLopka Medienentwicklung, Heidelberg
Gedruckt auf säurefreiem und chlorfrei gebleichtem Papier
Printed in Germany

ISBN 978-3-531-18116-5

Inhaltsverzeichnis

Wir über uns – die Autoren

Im Rückblick auf zehn Jahre gemeinsame Arbeit mit Jugendnationalspielern im Bereich dualer Ausbildung, schulischer und sportlicher Orientierung, haben wir, die Schulleiterin einer Eliteschule des Fußballs und der Geschäftsführer einer Nachwuchsabteilung eines Erstbundesligavereins, uns entschieden, unsere Erfahrungen, Ergebnisse und Gedanken in einem Buch niederzuschreiben.

Unser täglicher Umgang mit jungen Menschen, die sich in der Phase ihrer einschneidenden Persönlichkeitsentwicklung und gleichzeitig der Herausforderung des „Traums vom Fußballprofi" bewegen, hat uns Wesentliches über diesen Weg mit all seinen Höhen und Tiefen erfahren lassen. Freud und Leid, Liebe und Kummer, Sieg und Niederlage, Versetzung und Nicht-Versetzung und menschliche Enttäuschungen sind entscheidende Wegbegleiter. Diese in ihrem Gesamtzusammenhang darzulegen, haben wir uns zur Aufgabe gemacht.

Unsere Authentizität entsteht aus der Basisarbeit mit den jungen Talenten einerseits in der Schule und andererseits in der Vereinsarbeit. Die Vernetzung und deren Ausbau führen schließlich zu einem zielgerichteten Management der individuellen Kommunikation in diesem Netzwerk. Unsere eigene Motivation ergab sich aus der Freude an der Arbeit mit jungen Nachwuchseliten, der Zuversicht, die Begleitung erfolgreich zum Ziel zu führen, und der Hoffnung, andere Entscheidungsträger und Wegbegleiter zu ermutigen, den Weg mit uns zu gehen.

Nur wer der Leistung dieser jungen Top-Talente – dem Spagat zwischen dem Streben nach höchstmöglichen Bildungsabschlüssen einerseits und der Anstrengung auf dem Weg zum Profi andererseits – mit Respekt und Anerkennung begegnet, kann seiner Aufgabe in diesem Netzwerk gerecht werden. Dabei sollte die Freude immer ein wesentlicher Faktor sein, auch bei einer sehr konsequenten und leistungsorientierten Begleitung.

Dr. Theo Zwanziger

Liebe Leserinnen und Leser,

es macht mir immer wieder Freude zu spüren, mit wie viel Begeisterung Menschen sich der ganzheitlichen Verantwortung, in Bildung und Fußball, junger Fußball-Top-Talente annehmen. In den letzten Jahren hat der Deutsche Fußball-Bund im Wissen und in der Überzeugung, jungen Fußballtalenten eine ganzheitliche Förderung zukommen zu lassen, einen enormen Fortschritt erzielt. Die Einrichtung der Nachwuchsleistungszentren mit der Verpflichtung zur Zusammenarbeit mit Partnerschulen, die Gründung von Eliteschulen des Fußballs, die Lehrerbegleitung bei DFB-Maßnahmen, diverse Konzepte u.v.m. haben zu einer neuen Ausrichtung der Förderung im Talentfußballbereich geführt. Der deutsche Nachwuchsfußball hat große Erfolge in den letzten Jahren erzielt und viele europäische Turniere gewonnen. Aber genau so weiter entwickelt hat sich der junge Mensch als Fußballer. In unseren Nachwuchsmannschaften befinden sich zahlreiche junge, intelligente Spieler, die auf höchstem Niveau taktische Aufgaben und die Umsetzung komplexer Anforderungen an die Spielphilosophie erfüllen.

Fußball verbindet – eine zentrale Aussage, die sich immer wieder auf allen gesellschaftlichen Ebenen widerspiegelt. Beim einfachen Fußball spielen auf der Straße, beim Kicken auf dem Bolzplatz, auf dem Schulhof, bei Turnieren, gleich welcher Hautfarbe , gleich welche Religion, ob arm oder reich, das Fußball spielen führt Menschen zusammen, ohne große Anstrengungen. Eine

Chance, die wir nicht einfach liegen lassen dürfen, das Miteinander weckt Emotionen, erzeugt Freude. Und genau das ist der Grundstein, den jungen Menschen als Persönlichkeit weiter zu begleiten, ihn zu unterstützen und dieses gelernte Miteinander auch auf andere Lebensbereiche zu transportieren. Dies geht nur über den Weg zu einer angemessenen Bildung, eine Bildung, die aus einer Wertevermittlung genau so besteht wie aus der Stärkung im Wissen und Handeln um Kenntnisse und Fähigkeiten, die den jungen Menschen in seiner Lebenskompetenz stärkt. Das muss einhergehen mit der sportlichen Ausbildung zum Profi. Gelingt es uns allen, Ihnen als Eltern, Ihnen als Trainer und Betreuer, Ihnen als pädagogische Begleiter und uns als Deutscher Fußball-Bund in einem Netzwerk um das junge Top-Talent seine Persönlichkeitsentwicklung positiv auf dem Weg zum Profifußballer zu begleiten, dann gewinnt nicht nur das Image des deutschen Fußballs weiter an Qualität, sondern wir haben auch durch überzeugtes Denken und Handeln Verantwortung und Verbindlichkeit gegenüber unserer Jugend in unserer Vorbildfunktion übernommen. Diese jungen Menschen werden mit – aber auch ohne Fußball in der Lage sein, sich den Herausforderungen ihrer individuellen Lebenswirklichkeit erfolgreich zu stellen.

Möglichkeiten, wie dieser Weg realisiert werden könnte, werden von den Autoren in diesem Buch aufgezeigt. Ein sehr eindrucksvoll beschriebener Weg, mit vielen unterstützenden Maßnahmen für Sie als interessierte Menschen im Bereich Nachwuchsfußball. Einfach lesenswert!

Ihr Dr. Theo Zwanziger

Ottmar Hitzfeld

Liebe Leserinnen und Leser,

Fußball und Bildung im Einklang – ein hervorragender Gedanke, der meine uneingeschränkte Unterstützung findet. Das äußerst harte Profigeschäft fordert heute auch die Verantwortlichkeit der begleitenden Personen, um das junge Talent vor einem Einbruch nach oder während der Karriere zu schützen. Weiterhin kann das Talent, welches geistig gefordert wird, auch auf dem Platz schneller denken, und dadurch gewinnt das Fußballspielen in Form von Taktik, Spielsystem und einer hohen Flexibilität entscheidend an Qualität.

Bildung bedeutet stets Einflussnahme auf die Entwicklung der Persönlichkeit eines jungen Menschen. Jugendliche Fußballtalente müssen sich schon früh den Forderungen des Profigeschäftes stellen, werden umgeben von verführerischen Beraterangeboten und konfrontiert mit hohen Geldsummen des Vereins und befinden sich schon in einem ständigen Belagerungszustand durch die Presse. Ein Spielfeld, auf dem man schnell ins Stolpern kommen kann. Hier sind wir als Verantwortungsträger im Handlungsfeld Jugendleistungsfußball gefragt. Die eigentlich ihnen in diesem Alter zugestandene persönliche Entwicklung bzw. Reifung muss Fehler, Rückschläge und Findung der eigenen Positionierung in Lebensfragen zulassen, mit oft kritischen gesellschaftlichen Trotzreaktionen, aber all diese Facetten in der Persönlichkeitsentwicklung lässt heutzutage das Profidenken nicht zu. Lebensfreude, Emotionen,

Neugier und Leidenschaft müssen neben Leistungszielen den Weg zum Fußballprofi kennzeichnen. Die Möglichkeit parallel gefördert zu werden, das heißt sowohl im Sportlichen als auch gleichzeitig im Schulischen eröffnet den jungen Leistungsfußballern die große Chance, ihre Lebenskompetenz für eine erfolgversprechende Zukunft unabhängig von dem schnelllebigen Geschäft des Fußballs zu erwerben.

Trainer, Eltern und Menschen, die sich mit auf den Weg machen, um einem Nachwuchsfußballer den Karriereweg zum Profi zu ebnen, sollten genau diese im Buch aufgezeigten Möglichkeiten als Chance sehen. Eine duale Ausbildung führt zukünftig auch zu einem besseren Fußballer. Ich wünsche mir, dass dieser Weg für viele unserer Top-Talente im Fußball durch verantwortliche Menschen in ihrem Umfeld ermöglicht wird.

Ihr Ottmar Hitzfeld

Definition von Bildung

Es gibt Begriffe in unserem alltäglichen Sprachgebrauch, die eine inhaltliche Positionierung erfordern. Unstrittig gehört der Begriff der Bildung dazu, der in unseren Ausführungen eine zentrale Rolle einnimmt. Deshalb positionieren wir uns zu Beginn, damit deutlich wird, was wir in unserem Buch unter Bildung verstehen.

Bei der Begriffsrecherche sind wir auf einen wahren Definitionsdschungel gestoßen. Die entscheidende Frage bei der inhaltlichen Positionierung ist, welche Kompetenzen benötigen Menschen, um ein erfolgreiches Leben zu führen, das auch letztendlich ein gutes Funktionieren unserer Gesellschaft impliziert. Davon profitieren wir alle. Kompetenzen, Ausbildung, schulische Bildung und Allgemeinwissen prägen die inhaltliche Ausrichtung von Bildung. Für uns gehören aber auch Begriffe wie lebenslanges Lernen, Werteorientierung, Kultur, sowie Emotionen, z.B. Freude und Glück dazu.

Die Gesellschaft von heute stellt die Menschen in den verschiedenen Lebensbereichen vor komplexe Anforderungen. Welche Fähigkeiten sind notwendig, sie erfolgreich zu bestehen? Die Definition solcher Kompetenzen ermöglicht eine bessere Beurteilung, wie gut Jugendliche und Erwachsene auf die Herausforderungen des Lebens vorbereitet sind, sowie die Festlegung übergeordneter Zielsetzungen für Bildungssysteme und lebenslanges Lernen.

Bildung bedeutet in unseren Ansätzen neben dem Erwerb von Kenntnissen, Fakten und Fähigkeiten im schulischen Bereich eben auch das Fördern von Neugier, Ehrgeiz, Selbstvertrauen und Empathie bei jungen Menschen, um ihnen die Tür zur Bildung zu öffnen, damit sie in der Lage sind, Bildungsangebote ein Leben lang anzunehmen und diese erfolgreich anzuwenden. Natürlich greifen viele Bausteine ineinander, um einem jungen Menschen Bildung zukommen zu lassen. Bildung wird in Meyers Lexikon wie folgt definiert:

„Bildung ist die Formung des Menschen im Hinblick auf seine geistigen, seelischen, kulturellen und sozialen Fähigkeiten."[1] (Meyers Lexikon 2011)

Wir stellen eine Vernetzung dieser einzelnen Fähigkeiten, seiner Kompetenzen her, unter einem entscheidenden Gesichtspunkt, den der Hirnforscher, Professor Spitzer, in seinen Forschungsergebnissen zur Bildung ableitet:

„Es geht um nichts weniger als eine neue Sicht von Bildung: Nicht Leistungsziele und Wissenskanon sind gefragt, sondern die Förderung von Neugier und der Lust am Lernen! Lernen muss Spaß machen."[2] (Spitzer 2011, 35)

Diese Erkenntnis erweitert Spitzer noch, indem er behauptet:

„Ich hätte noch vor fünf Jahren nicht damit gerechnet, wie unglaublich eng verbunden Lernprozesse und Glücksprozesse sind. Wir haben heute verstanden, dass unser Glückssystem eigentlich gar nicht unser Glückssystem ist, sondern unser Lernsystem. Glück ist, wenn man so will, ein Nebenprodukt. Die Belohnung für eine neue, gute Erfahrung. Deshalb hört es auch auf zu funken, wenn ich schon weiß, wofür etwas da ist, das treibt mich an, mein Wissen immer mehr zu erweitern. Wenn man sich das einmal richtig vor Augen führt, wie eng Lernen und Glück

---

1 Aus: Meyer Lexikon Verlag: Hrsg.: Bibliographisches Institut:
http://lexikon.meyers.de/meyers/bildung
2 Aus: Spitzer, Manfred 2011: Medizin für die Bildung. Ein Weg aus der Krise. Spektrum Akademischer Verlag. Heidelberg

zusammenhängen, dann wird auch klar, wie weit wir von lernenden Unternehmen heute noch entfernt sind. Sogar von der lernenden Schule, die wir immer noch als „Ernst des Lebens" bezeichnen." (Spitzer 2011, 35)

Nun, kommen wir zurück zu unserem eigentlichen Ziel. Den erweiterten Definitionsansatz von Bildung, also nicht nur die schulische, sondern eben die ganzheitliche, fokussieren wir auf die Persönlichkeitsentwicklung des jungen Menschen. Wir verbinden die beiden Leistungsbereiche schulische Bildung und fußballerische Ausbildung. Kernkompetenzen der Bildung erkennen wir sowohl in der schulischen als auch in der sportlichen Reifung wieder. Sie bilden die Schnittmenge der dualen Karriere. Wenn ein junges Talent lernt, teamorientiert, höflich, respektvoll, aber auch konstruktiv kritisch den Lebensalltag zu bewältigen, wenn es Strategien entwickeln kann, um Probleme aufzuarbeiten oder Stress und Frustsituationen zu bewältigen, dann wird es sicherlich einen hohen Profit in der Ausbildung zum Fußballprofi haben. Eine entscheidende Fähigkeit des jungen Menschen liegt aus unserer Sicht in seinem Umgang mit Emotionen. Diese muss er positiv nutzen, um z.B. Begeisterung, Leidenschaft und Wille zu entwickeln. Für uns entscheidend sind deshalb immer der Weg und die Art der Vermittlung dieser Kompetenzen und Werte in der Bildung. Wir versuchen in allen bildungsorientierten Aufgaben die Freude, das Herz und den Verstand als eine Einheit einfließen zu lassen. Geht die Freude als Stabilisierungsfaktor in der Bildung verloren, werden Leistungsbereitschaft und Leistungsfähigkeit einen Verlust erleiden. Genau dies gilt es zu vermeiden. Bildung, die den Unterschied ausmacht.

1 „Fußball ist meine Leidenschaft!" – Bewusstsein schaffen für Verantwortung

„Das Probetraining endet häufig mit Tränen!"

80 Kinder tummeln sich auf dem Kunstrasen des Leistungszentrums. Mit großen Erwartungen sind sie zu ihrem ersten Training erschienen. Ihre Eltern oder auch ihre Trainer haben sie zum „Schnuppertraining" angemeldet. Der Club lädt alle Talente ein, viermal im Jahr. Jetzt können sie ihr Können zeigen und beweisen. Die Eltern, Großeltern oder Trainer ihrer Mannschaft stehen draußen, fiebern mit. Seit Tagen gab es kein anderes Thema. Eine einmalige Gelegenheit, eine große Chance die Profikarriere zu starten. Zumindest für einige Spieler und vor allem Eltern scheint dies ein oder das Ziel zu sein. Manche freuen sich über das Erlebnis, Hauptsache dabei zu sein, ganz olympisch gehen sie die Sache zunächst einmal an. Manche reisen 300 km an, auch wenn der Sprössling gerade mal 10 geworden ist. Sie sind stolz, hier trainieren zu dürfen. Sehr vielfältig sind die Motive: gute Entwicklungschancen bieten, ein Star werden, Fußballspielen richtig lernen, Teamgeist erfahren und spüren oder ein Teil seines Clubs werden. Großartig wäre das. Im Abschlussspiel zeigt sich schnell, wer weiter träumen darf und wer zunächst Fan bleibt, in seinem Verein weiterspielt, stolz von seinem Erlebnis den Freunden berichtet oder sich gar schämt, nicht ausgewählt worden zu sein. Mir fällt ein kleiner, schneller und bereits sehr geschickter Dribbler auf. Er umkurvt auf seinem Weg zum entscheidenden Tor gleich mehrere völlig überforderte Gegenspieler. Leicht sah das aus, echt gekonnt, eben ein Unterschied. Damit ist Tim den Trainern aufgefallen. Er kann in die nächste Runde zum Mannschaftstraining. Heute ist er der Einzige. Die Trainer bedanken sich und verabschieden alle anderen mit dem Hinweis, sie sollen es weiter versuchen und fleißig sein. Tim ist stolz, die Angst zunächst einmal verflogen. Gleich nächste Woche geht es weiter. Seine Eltern sprechen noch mit dem Trainer und stimmen die Einzelheiten ab. Die anderen Eltern verlassen den Platz, diskutieren, loben ihre Kinder, und einige sind auch unzufrieden, schimpfen auf die Trainer, den Club, ihre Kinder und die ganze Welt. Einfach enttäuscht. Vielleicht den eigenen Traum verpasst.

So oder ähnlich wie Tim beginnen viele talentierte Kinder in Deutschland ihre Karriere zum Fußballprofi. Noch nicht wissend, was im Verlauf der nächsten Jahre an Anforderungen und Entbehrungen, aber auch an Freude und Erlebnissen auf sie zukommen wird. Mit dem Ziel, einmal als Fußballprofi vor enthusiastischen Fans ein Tor zu schießen, starten fast alle in das Abenteuer Fußball. Sich diesen Traum zu erfüllen, ist jedoch nur wenigen vergönnt. An einem Spieltag der ersten Bundesliga kommen in den neun Begegnungen maximal 252 Spieler zum Einsatz. Eine Elite, die sich zudem aus vielen internationalen Spielern zusammensetzt. Ihr Anteil beträgt ca. 35 %.[3] So ist für das Erreichen dieses höchsten Ziels neben dem Talent, Glück und einem unbändigen Willen auch eine enorme Unterstützung in der sportlichen, schulischen und persönlichen Begleitung erforderlich. *„Viele sind auserwählt, aber nur wenige berufen."* So hat Michael Meier, langjähriger Manger in der Fußball-Bundesliga, häufig in Gesprächen mit jungen Spielern geholfen, den Blick auf die Realität nicht aus den Augen zu verlieren.

---

3 Aus: Das offizielle Bundesligamagazin 4/2011

Der Weg zum Fußballprofi kann durch die Förderung in einem Nachwuchs-Leistungszentrum verwirklicht werden. 2011 feiern der Deutsche Fußball-Bund, die Deutsche Fußball-Liga und insgesamt 46 Nachwuchsleistungszentren der ersten, zweiten und vereinzelt auch der dritten Bundesliga ein erfolgreiches 10-jähriges Jubiläum. Nach der enttäuschenden Europameisterschaft 2000 in Belgien und den Niederlanden wurden Konzepte zur Nachwuchsförderung weiterentwickelt und entsprechende Rahmenbedingungen für den Betrieb eines Nachwuchs-Leistungszentrums als verpflichtender Bestandteil in das Lizenzierungsverfahren der Bundesligavereine aufgenommen. So sind die Clubs u.a. verpflichtet, infrastrukturelle Voraussetzungen auf höchstem Niveau zu schaffen, die Qualifikation der Trainer nachzuweisen, eine schulische Begleitung zu sichern und eine medizinische und mentale Betreuung zu gewährleisten. Die hohe Bereitschaft zeigt sich in einem Investment in die Nachwuchsförderung von 522 Millionen Euro der Vereine der 1. und 2. Bundesliga in den letzten 10 Jahren. Heute werden 5445 Nachwuchsspieler in 282 Juniorenteams[4] in den Leistungszentren der beiden Profiligen betreut. Mit Erfolg. Der DFB veröffentlichte beim DFB-Bundestag 2010 dazu einen Vergleich zwischen der Saison 2000/2001 und der Saison 2009/2010. Die Anzahl der eingesetzten Spieler in der jeweiligen Bundesligasaison zwischen 18 und 21 Jahren hatte sich von 8 % in 2001 auf 16 % in 2010 verdoppelt.[5]

Verbunden mit den strukturellen Veränderungen haben sich auch die inhaltlichen Anforderungen in der sportlichen und der schulischen Ausbildung für die Spieler deutlich verändert. Allein der Trainingsumfang hat sich mit Einführung der Leistungszentren und der damit verbundenen Kooperation mit Schulen um ca.

---

4 Aus: Das offizielle Bundesliga Magazin April 2011
5 Aus: Bericht DFB-Bundesjugendtag 2010

30 % erhöht. Ein 17-jähriger Spieler trainierte im Jahr 2000 ca. viermal in der Woche. Heute werden bis zu sieben Trainingseinheiten durchgeführt. Der zunehmende Einsatz von Spezialisten für Technik, Koordination, Taktik, Kondition oder mentale Betreuung führt auch zu einer erhöhten qualitativen Anforderung an die Spieler. Mit Videoaufzeichnungen werden Fehleranalysen individuell und für die gesamte Mannschaft konzentriert erarbeitet und fördern eine noch schnellere und effektivere Entwicklung. In systematischen langjährigen Trainingsplänen sind die notwendigen Inhalte einer professionellen Ausbildung festgelegt und lassen wenig zeitliche Freiräume zu. Parallel müssen die jungen Menschen als Schüler auch die Abschlüsse in der Schule in einer kürzeren Zeit und mit einer höheren Wochenstundenzahl erreichen.

Für den Beginn der Ausbildung von Tim in unserem Beispiel ist dies noch kein großes Problem. Er ist im Basisbereich der sechs- bis elfjährigen im Leistungszentrum angekommen. Die Spielweise in dieser Altersstufe ist geprägt von Leidenschaft und Freude. Die Eltern verfolgen stolz und mit vielen Emotionen alle Spiele ihrer Kinder. Im Spiel 7:7 zählen vor allem die Anzahl der Ballkontakte, die Möglichkeit Tricks und Finten auszuprobieren und im 1:1 den Zweikampf zu suchen. Der DFB und viele Vereinsvertreter streben eine weitere Reduzierung der Spieleranzahl im Basisbereich an, um die individuellen Fähigkeiten im Spiel 4:4 oder 5:5 noch besser fördern zu können. Die Leistungszentren spielen häufig bereits in dieser Altersstufe nur untereinander. Im Westdeutschen Fußballverband wird in einer von den Vereinen selbst organisierten Liga, dem Reviersport-Cup, auf höchstem Niveau untereinander gespielt. Dies führt zu einer schnellen Weiterentwicklung der kleinen Kicker und – damit gleichzeitig verbunden – zu einer weiteren Entfernung von der Basis der Talentförderung. Eine kleine Elite entsteht. Das Spieltempo, das technische Niveau, das taktische

Vermögen und der enorme kämpferische und läuferische Einsatz haben sich in meiner Wahrnehmung unglaublich gesteigert. In der Saison 1988/89 begann ich als Trainer einer U11 meine Arbeit in der Talentförderung. Wir trainierten zweimal, später dreimal in der Woche und spielten 11:11 auf große Tore. Ecken und Freistöße waren eine fast 100prozentige Torchance. Der „Linksaußen" musste jedoch manchmal minutenlang auf seinen nächsten Ballkontakt warten. Es dauerte eben, bis der Ball durch den Pulk der Spieler und den Staub der Ascheplätze wieder vorne war. Heute kann man die Spiele der Kinder im Basisbereich nur bestaunen. Mit schneller und druckvoller Passfolge, bereits hohem Druck auf den Ballführenden und einer schnellen Umschaltbewegung hätten sie meiner Truppe von damals keine Chance gelassen. Eine Entwicklung bei den Jüngsten, die aus sportlicher Sicht dann sehr erfreulich ist, wenn die Spielfreude nicht verloren gehen. Die Umsetzung der Spielkonzepte darf in keinem Fall zu einer Verkrampfung führen. Persönlicher Trainerehrgeiz, Ergebnisorientiertheit, siegen wollen, nur mit den Besten weiterspielen, auch wenn dadurch nicht alle Kinder im Kader zum Einsatz kommen können, sind leider auch unschöne Begleiterscheinungen in der sportlichen Weiterentwicklung. Der Basisbereich im Fußball lässt noch keine Schlüsse auf die weitere Talententwicklung zu. Er ist ein Nährboden für die Entwicklung aller Spieler, und doch bereits jetzt müssen viele Voraussetzungen zur Talentförderung gegeben sein. Die Wichtigsten sind zusammengefasst: der Spaß, die Freude, die Lockerheit, wie es Mario Götze hervorhebt (siehe Interview), eine hohe Anzahl von Ballkontakten durch tägliches Fußballspielen und positiv unterstützende Wegbegleiter wie Eltern und Trainer, den ersten und wichtigsten Netzwerkpartner auf dem Weg zum Profi.

Eine schulische Begleitung ist aus Trainingsgründen noch nicht erforderlich. Tim wird drei- bis viermal zum Training kommen. Gut, dass er nur ein halbe Stunde anreisen muss und seine Eltern ihn fahren können. Seine Schule ist nicht in den Ganztag eingebunden und somit konnte er nach einem Mittagessen zu Hause mit der Mutter und einer schnellen Erledigung der Hausaufgaben entspannt anreisen. Er hat großes Glück. Doch schon bald steht der Schulwechsel an. Tim ist ein guter Schüler und soll zum Gymnasium. Das wird seine Zeitabläufe verändern. Als Fußballer wird er dann zwischen 12 und 15 Jahren im Aufbaubereich gefördert. Ab 15 Jahren und damit dem Erreichen des Leistungsbereichs der 15-bis 19-jährigen sind diese Anforderungen unweigerlich nur noch in einem 12-Stunden-Tag zu erfüllen. Um 8 Uhr beginnt in der Regel die Schule. Heute stehen bis zu 35 Wochenstunden auf dem durch G8 gefüllten Stundenplan. Nachmittagsunterricht ist so nicht mehr vermeidbar. Zwei zusätzliche individuelle Trainingseinheiten, die durch die Schulkooperation ermöglicht werden, sowie fünf Mannschaftstrainingseinheiten für einen 17-Jährigen bei einem freien Tag ergeben diesen 12-Stunden-Tag. Je nachdem, wie lange die Anreise zum Leistungszentrum dauert, auch darüber hinaus.

Zeit	Montag	Dienstag	Mittwoch	Donnerstag	Freitag	Samstag	Sonntag
06:00	Aufstehen	Aufstehen	Aufstehen	Aufstehen	Aufstehen		
07:00	Anreise	Anreise	Anreise	Anreise	Anreise		Aufstehen
08:00	Schule	Training	Schule	Schule	Schule		Anreise
09:00	Schule	Training	Schule	Schule	Schule	Aufstehen	Treffpunkt
10:00	Schule	Schule	Schule	Schule	Schule	Anreise	Vorbereitung
11:00	Schule	Schule	Schule	Schule	Schule	Training	Heimspiel
12:00	Schule	Schule	Schule	Training	Schule	Training	Heimspiel
13:00	Schule	Schule	Schule	Training	Schule	Abreise	Nachbereitung
14:00	Mittagessen	Mittagessen	Mittagessen	Mittagessen	Mittagessen	Freizeit	Abreise
15:00	HA*	HA	Schule	HA	HA	Freizeit	Freizeit
16:00	HA	HA	Schule	HA	HA	Freizeit	Freizeit
17:00	Training	Training	Abreise	Training	Training	Freizeit	Freizeit
18:00	Training	Training	Freizeit	Training	Training	Freizeit	Freizeit
19:00	Abreise	Abreise	Freizeit	Abreise	Abreise	Freizeit	Freizeit
20:00	Freizeit	Freizeit	Freizeit	Freizeit	Freizeit	Freizeit	Freizeit
21:00	Freizeit	Freizeit	Freizeit	Freizeit	Freizeit	Freizeit	Freizeit
22:00	Schlafen	Schlafen	Schlafen	Schlafen	Schlafen	Schlafen	Schlafen

* Hausaufgabenbetreuung

Abbildung 1:   Exemplarischer Wochenplan eines U17-Spielers

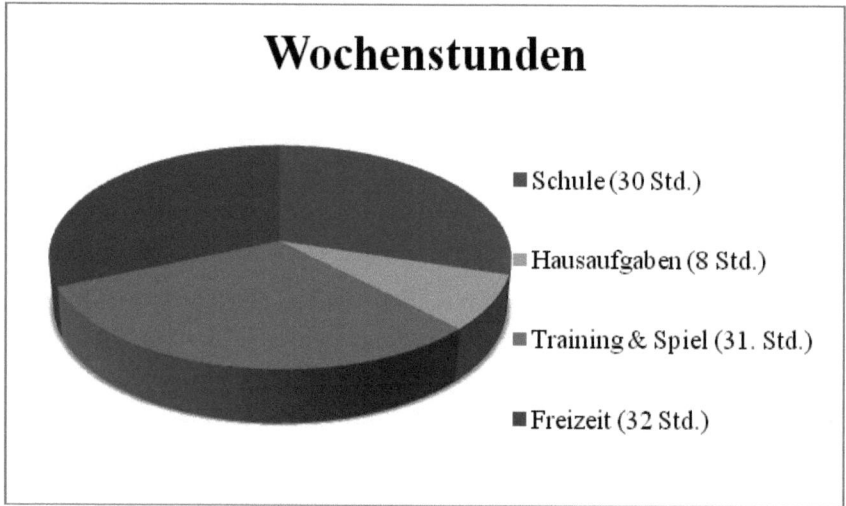

Wochenstunden

- Schule (30 Std.)
- Hausaufgaben (8 Std.)
- Training & Spiel (31. Std.)
- Freizeit (32 Std.)

Abbildung 2: Durchschnittliche Wochenstundenzahl eines U17-Nachwuchsspielers eines Leistungszentrums

Diesem Anforderungsprofil muss ein junger Mensch gewachsen sein. Euphorie und die Träume einer einzigartigen Karriere motivieren für das immer umfangreicher werdende Programm der Fußballerausbildung zum Profi. Die Integration von Konzepten zur mentalen Betreuung unterstützt dabei den Umgang mit Stress, Frust oder Motivationsproblemen. Es bleibt letztendlich in der Verantwortung des Trainers, die sportliche und die Lebenssituation seiner Spieler auf diesem Weg einzuschätzen, Gefahren und Potentiale zu erkennen. In den Leistungszentren stehen ihm dazu wichtige Hilfen und Instrumente zur Begleitung der schulischen, persönlichen und sportlichen Entwicklung zur Verfügung.

Doch kehren wir zu Tim zurück. Er hat nach dem erfolgreichen Probetraining alle Möglichkeiten und einen langen Weg vor sich. Er ist nach Einschätzung der Trainer ein Talent. Es stellt sich natürlich die Frage: Was ist ein Talent? Und noch wichtiger: Was

müssen die Verantwortlichen in dem Wissen um diesen Weg bei
einer Aufnahme und Entscheidung für ein Talent berücksichtigen?
Wer ist geeignet, diesen Anforderungen Stand zu halten? Aus
Sicht der Eltern ist dies in der Regel das eigene Kind, aus Sicht der
Wissenschaft nicht eindeutig zu prognostizieren und aus Sicht der
Leistungszentren nur durch das subjektive Urteil der Trainer zu
bewerkstelligen. Erkennbar ist das Talent dann auch erst im Prozess der Ausbildung, häufig erst nach vielen Jahren, und die Entscheidung fällt bekanntlich ja erst zum Schluss. In dem Buch Optimales Training von Jürgen Weineck[6] werden die Talentdefinitio-
nen zusammenfassend beschrieben. Er zitiert u.a. den Trainings-
wissenschaftler Singer. Er versteht unter einem Talent *„eine Person,
deren Struktur von anatomischen – physiologischen Merkmalen, Fähigkeiten und weiteren Persönlichkeitseigenschaften mit hoher Wahrscheinlichkeit erwarten lässt, dass diese Person unter bestimmten Trainings-
und Umweltbedingungen das Leistungsniveau der nationalen und internationalen Spitzenklasse erreichen kann"* (Singer 1991). In der Erwar-
tung, dass möglichst viele Talente internationale Spitzenklasse
erreichen können, wählen die Leistungszentren ihre Spieler sehr
früh aus. Der Konkurrenzkampf ist je nach Region sehr groß.
Wenn ein Talent erst einmal in einem Leistungszentrum spielt, ist
für die anderen in der Regel der Zug abgefahren. Es gibt mehr
oder weniger zuverlässige Absprachen für eine Wechselmöglich-
keit zwischen einigen Clubs, zwischen anderen nicht. Dort gibt es
ein offenes Wettrennen um die besten Talente. Dieses Wettrennen
kann allerdings auch nachteilig für die Talente sein. Die Qualität
der Beurteilung ist wegen Zeitmangel oftmals nicht gegeben und
die Angebote der Clubs sind nicht mehr alters- und leistungsge-
reicht. Dadurch werden die später zu diskutierenden Diskrepan-

---

6 Aus: Weineck, Jürgen: Optimales Training. Erlangen: Spitta Verlag GmbH & Co.: Erlangen 2004 14. Auflage

zen zwischen der Selbst- und Fremdeinschätzung der jungen Fußballer sicherlich nicht positiv beeinflusst. Die Beurteilung ist in der
Regel auf das aktuelle Leistungsvermögen beschränkt, Prognosen
sind schwierig. Jeder Club hat seine eigene Philosophie dazu.

Um die Technik mit dem richtigen Wettkampftempo für den
heutigen Spitzenfußball erreichen zu können, ist ein langer Aus-
bildungsweg notwendig. Dieser beginnt häufig mit einem Probetraining in einem Leistungszentrum oder wird durch die gezielte
Sichtung und Ansprache von jungen Talenten eingeleitet. Die Wege zu einem Leistungszentrum können sehr vielfältig sein. Die
Clubs beschäftigen hauptamtliche Scouts, die durch die Beobachtung des Spielbetriebs gezielt Talente suchen. In den jüngeren Al-
tersstufen bis zur U12 geschieht dies in der Regel in der unmittel-
baren Region der Leistungszentren bis zu einer Fahrzeit von einer
Stunde. Das sind immerhin zehn Stunden Fahrzeit zuzüglich der
Anreise bei Auswärtsspielen bei vier Trainingseinheiten und einem Spiel je Woche in der U11. Ab der U13 ziehen sich die Kreise
der Beobachtungen immer weiter und spätestens mit der Bildung
einer ersten DFB-Auswahl in der U15 bundesweit. Ab der U17
sind die Talente europa-, wenn nicht sogar weltweit im Blickpunkt
der Leistungszentren. Dies erfordert einen hohen logistischen
Aufwand. Offenbar lohnt sich dieser Aufwand für viele. Die Auswahlmaßnahmen des DFB werden nicht nur von den Vereinsver-
tretern genauestens beobachtet. Dutzende von Scouts, die für Berater arbeiten, besuchen ebenfalls die Spiele der Auswahlmannschaften und der Clubs. Die gewonnenen Ergebnisse und Beobachtungen werden in Datenbanken festgehalten, und so können
Talente mittel- und langfristig beobachtet und bewertet werden.
Grundlage für die Bewertung ist in der Regel ein Sichtungsbogen
mit allen notwendigen Informationen und Bewertungen über den
beobachteten Spieler. Häufig werden die Talente in Form eines

Ranking abschließend benotet. Ein Ranking fasst alle Einzelbewertungen aus den Beobachtungen in einer Gesamtnote zusammen. Eine Entscheidung für die weitere Vorgehensweise muss dann getroffen werden: Nimmt man Kontakt mit dem Spieler auf, führt man ein Gespräch mit dem Verein, lädt man ihn zu einem Besuch des Leistungszentrums ein oder wird er nur weiter beobachtet?

Ziel der Auswahl sollte eine möglichst umfassende Bewertung der Prognose und der Erfolgswahrscheinlichkeit sein. Ein einmaliges Training liefert daher keine ausreichenden Hinweise. Die Prognose kann nur durch eine ganzheitliche Betrachtung aller Fähigkeiten verbessert werden. Die Trainererfahrung und das subjektive Expertenurteil bleiben die letzte Entscheidungsinstanz. Wir wissen heute, dass nur eine sehr komplexe Struktur an Fertigkeiten und Fähigkeiten das Talent letztendlich zum Erfolg führen kann. Ohne Talent ist dies unwahrscheinlich, und nur mit Talent ist man chancenlos. Eine einfache, aber treffende Formel. So können die Leistungszentren Verantwortung für die Talente übernehmen, indem sie ihre Suche nach dem einen Talent sorgfältig gestalten. Vier bis sechs Trainingseinheiten, Gespräche mit den Eltern, dem aktuellen Trainer, möglicherweise der Schule, die Durchführung von Testverfahren für die mentalen Fähigkeiten wie z. B. die Konzentrationsfähigkeit, die Beobachtung im Training und von Spielen in der aktuellen Mannschaft durch mehrere Trainerexperten können diesen Prozess optimieren. Eine letzte Gewissheit scheint es dennoch nicht zu geben, und der Erfolg zeigt sich dann erst im weiteren Entwicklungsprozess.

Die Wissenschaft beschreibt Einflussgrößen, wichtige Faktoren zur Talentbestimmung und Methoden, um einzelne Faktoren näher zu bestimmen und zu messen. Eine Methode zur Absicherung der Talentprognose in einer so komplexen Sportart wie Fußball scheint es nicht zu geben. Indikatoren grenzen die Wahrscheinlichkeiten lediglich ein. Sie sind sehr vielfältig und lassen keine eindeutigen Schlüsse zu. Nach Hahn[7] (Hahn 1982, Seite 85) nehmen die folgenden Voraussetzungen einen Einfluss auf die Entwicklung von Talenten: Die *anthropometrischen Voraussetzungen* wie Körpergröße, Körpergewicht, das Verhältnis von Muskel- zu Fettgewebe, die Lage des Körperschwerpunktes und die Harmonie der Proportionen oder die *technomotorischen Voraussetzungen* wie z. B. die Gleichgewichtsfähigkeit, Raum-, Distanz- und Tempogefühl, die *Lernfähigkeit* wie z. B. die Auffassungsgabe, Beobachtungs- und Analysevermögen, das *Lerntempo* oder die *physischen, kognitiven, affektiven oder sozialen* Voraussetzungen müssen erkannt, bewertet und verglichen werden. Sie sollen in unserem Probetraining beobachtet werden. Ein in der Praxis der Leistungszentren zumindest schwieriges Unterfangen und nicht ohne einen immensen Aufwand durchführbar.

Die Trainingslehre unterscheidet den statischen vom dynamischen Talentbegriff. Während in der statischen Betrachtungsweise die Dispersionen, die das Können betonen, die Bereitschaft, die das Wollen hervorhebt, das soziale Umfeld, welches die Möglichkeiten erschließt und die Resultate, die das wirklich erreichte dokumentieren betrachtet werden kann man in der Praxis vielleicht eher durch den dynamischen Talentbegriff weiter kommen. Demnach *„strukturiert sich das Talent erst im Verlauf des aktiven und zielgerichteten Prozesses und bezieht sich auf die gesamte Persönlichkeit"* (Mühle & Joch)[8]. Die Förderung des Talents ist nach Joch (1992) ein *„aktiver Prozess durch die Steuerung des Trainings- und des Wettkampfes und durch die pädagogische Begleitung."* Diese Definitionen verdeutlichen die Komplexität und hohe Anforderung in der Ta-

---

7 Vgl: Weineck, Jürgen: Optimales Training. Erlangen: Spitta Verlag GmbH & Co.: Erlangen 2004 14. Auflage
8 Aus: Drobe, Martin 1999. GRIN Verlag. Norderstedt

lentbestimmung und führen zu einer hohen Verantwortung für
die Aufgaben einer Talentauswahl. Das Expertenurteil und die
Erfahrung gewinnen unter diesen Gesichtspunkten an Bedeutung.
Auch wenn keine Checkliste und eindeutige Messverfahren für
die Talentprognose geliefert werden können, so sind doch zwei
unabdingbare Voraussetzungen deutlich geworden. Die Auswahl
von Talenten kann nur mit einer hohen Sensibilität im Umgang
mit den Kindern erfolgen und erfordert von den verantwortlichen
Trainern ein hohes Bewusstsein für die Verantwortung, die sie mit
ihrer Entscheidung übernehmen. Diese Verantwortung bezieht
sich sowohl auf die persönliche Entwicklung des Einzelnen als
auch auf den Ausbildungserfolg des Leistungszentrums und damit den Auftrag- und Arbeitgeber. Eine zu frühe und zu stark ein-
grenzende Selektion schließt zu viele mögliche Talente von ihren
Weiterentwicklungsmöglichkeiten aus. Die Auswahl und die Förderung der Talente werden somit vorrangig durch trainingswis-
senschaftliche, pädagogische, psychologische und physiologische
Faktoren bestimmt und lassen im Basisbereich Fußball noch keine
Erfolgswahrscheinlichkeiten auf dem Weg zum Fußballprofi erkennen. Dennoch ist eine individuelle Förderung der Talente auch
in diesem Alter bereits eine wichtige Voraussetzung zum Erwerb
der später benötigten Fähigkeiten. Die Trainer müssen in ihrer
Auswahl einen ganzheitlichen Ansatz berücksichtigen. So ist z. B.
die Nachfrage und das Interesse nach dem schulischen Leistungsstand ein weiterer wichtiger Indikator. Der Hinweis für die Eltern
auf den Einklang von Fußball und Bildung ist bereits im Basisbereich ein wichtiger Baustein für den Einstieg.

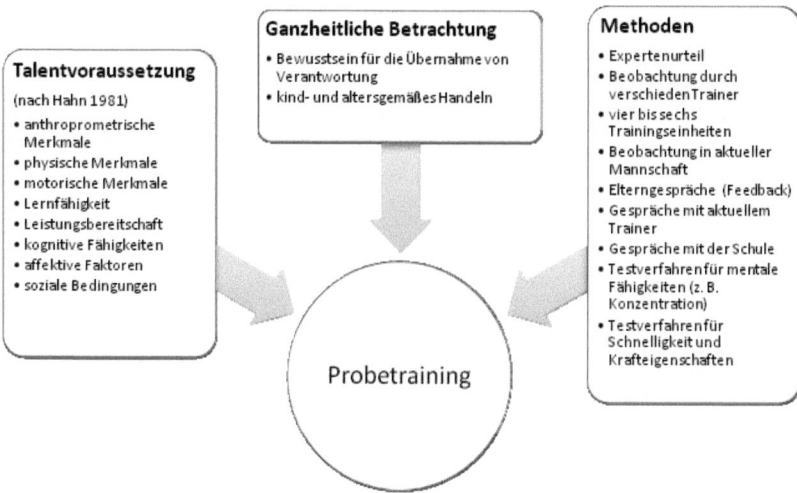

Abbildung 3:   Voraussetzung und Methoden für das Probetraining

2 Der Ernst beginnt

„Mit Yannik habe ich meinen besten Kumpel verloren. Dass er nicht mehr dabei ist, hat mich sehr enttäuscht!" (Tim)

Die Eltern sitzen gedrängt auf dem Flur der Geschäftsstelle und warten auf das Gespräch mit dem Trainer. Es ist sehr warm in diesem Frühjahr. Zeit für die Entscheidungen. Im Januar bereits hat es ein Gespräch mit Yannik und seinen Eltern gegeben. Zufrieden war der Trainer nicht. Er beklagte die sich nur langsam abzeichnenden Fortschritte, ein wenig auch die fehlende Konzentration und Ernsthaftigkeit im Training sowie seine Fehlerquote im Passspiel. Auf dem Flur ist die Anspannung zu spüren. Die Verunsicherung führt zu geduldigem Schweigen der wartenden Familien. Nach einer Stunde des Wartens ist es so weit. Der Trainer holt Yannik mit seinen Eltern in den Besprechungsraum. Nach einer freundlichen Begrüßung kommt er direkt zu Sache. „Lieber Yannik, ich habe ja schon im Januar auf einige Punkte hingewiesen, die dich im Augenblick daran hindern, im Vergleich mit den anderen Jungs mitzuhalten. Sie als Eltern haben ja auch selbst gemerkt, dass seine Einsatzzeiten weniger geworden sind und auch seine Unzufriedenheit größer geworden ist. Ich denke, dass Yannik in einem anderen Umfeld bessere Entwicklungsmöglichkeiten haben kann. Kinder müssen spielen und auch immer wieder positive Erlebnisse erfahren können. Das kann ich ihm als Trainer nicht garantieren. Daher möchte ich sie bitten, Yannik abzumelden. Es tut mir sehr leid, aber ich denke, eine klare, wenn auch schmerzhafte Entscheidung wird ihm eher weiterhelfen, als sich weiter dieser Überforderung auszusetzen. Es tut mir leid." Auch wenn die Eltern irgendwie damit

gerechnet haben, sind sie geschockt. Es war eine so schöne Zeit. Der gan-
ze Spaß, die Aufregung und die Erlebnisse. Nun soll Yannik zu einem
anderen Verein. Wieder wird er neue Kinder kennenlernen. Er hatte sich
wohlgefühlt und war so stolz, hier zu sein. Die Eltern verlassen den
Raum, Tränen in den Augen und auch mit ein wenig Wut. Hatten sie
nicht alles getan? Die weiten Fahrten zu jedem Training, bei jedem Wet-
ter, und die ganze Warterei, bis alle nach dem ewig langen Duschen fer-
tig waren. Andere Spieler hatten sie auch noch mitgenommen. Deren
Eltern hatten ja keine Zeit. Doch was nützt es. Yannik muss gehen.
Draußen wartet Tim. Ihm bleiben nur ein paar aufmunternde Worte,
dann muss er sich von seinem Kumpel verabschieden. Sehen werden sie
sich in Zukunft wohl kaum noch. Die Zeit wird dazu nicht reichen, es ist
ein ganz schön weiter Weg bis zu ihm nach Hause.

Jugendtrainer zu sein ist eine wunderbare Aufgabe. Mit großer
Leidenschaft habe ich dies jahrelang getan. Mit den Kindern zu
trainieren, ihre Begeisterung zu spüren, gemeinsam zu siegen,
lässt die stundenlangen Telefonate und manchmal mühsamen
Diskussionen mit den Eltern immer wieder schnell vergessen. Der
Monat der Entscheidungen, wer bleibt im nächsten Jahr und wer
muss den Verein verlassen, war hingegen immer eine große Qual.
Auch für mich als Trainer eine schwierige Zeit. Schließlich musste
ich einem 12-jährigen, hochmotivierten und mit Leidenschaft Fußball spielenden Kind sagen, hier geht es nicht mehr weiter. Ich
habe immer versucht, es nett zu verpacken, das Gute darin zu sehen und zu helfen. Das Ergebnis war immer gleich: Enttäuschung,
Wut und Nichtverstehen. Ich wäre am liebsten elf Monate im Jahr
Trainer gewesen und hätte den einen verfluchten Monat gerne
eine Kreuzfahrt gemacht. Aber auch das gehört zum Leistungssport dazu. Als Trainer muss man auch unbequeme, aber ehrliche
und konsequente Entscheidungen treffen können. Als Spieler

muss man Entscheidungen hinnehmen können, ohne an sich zu zweifeln und ohne den Traum, einmal Profi zu werden, aufzugeben. Für Yannik war es das vorläufige Ende seines Traums. Tim konnte seinen Weg im Aufbaubereich des Leistungszentrums fortsetzen und hatte mit ganz anderen Problemen zu kämpfen.

Damals im Probetraining ging Tim noch leichtfüßig durch die Abwehrreihen des Gegners. Er war sehr stolz und ganz euphorisch. In der Schule erkundigten sich die Freunde und auch teilweise seine Lehrer, wie es denn so laufe in seinem neuen großen Verein. Mit so viel Lob und Interesse versehen kann der eine oder andere auch schon mal etwas abheben. Sich weiter wähnen, als man tatsächlich schon ist. Bereits jetzt entstehen mögliche Diskrepanzen in der Eigen- und Fremdwahrnehmung der Spieler. Auch die Eltern sind jetzt gefordert. Es hilft, Spielern und Eltern eine realistische Einschätzung und Rückmeldung über den tatsächlichen Leistungsstand zu geben. Eine echte Kunst des Trainers, das Selbstvertrauen bis an die Grenze der Überheblichkeit zu führen und dennoch den realistischen, selbstkritischen Blick des Spielers und der Eltern zu fördern, der genauso wichtig für eine Weiterentwicklung ist. Ohne Selbstvertrauen und die Überzeugung, selbst schwierigste Situationen zu meistern, wird ein Talent sich nicht durchsetzen können. Ohne das selbstkritische Erkennen und den ehrgeizigen Antrieb wird die Entwicklung nicht in die richtige Richtung laufen können. Die Zeit nach der ersten Euphorie wird auch zur ersten Bewährungsprobe.

Die Begeisterung der Freunde und Verwandten ebbt möglicherweise ab, wenn die Zeit eng wird. Die alten Freunde wenden sich langsam ab, weil sie keine Gelegenheit haben, mit ihrem alten Kumpel zu spielen und gemeinsam die Zeit zu verbringen. Das Bild verändert sich. Die Abläufe werden für die Freunde immer weniger greifbar. Neid kann entstehen. „Der hat es ja gut, um den wird sich ja gekümmert, der braucht in der Schule nichts mehr zu tun..." sind Anfänge einer möglichen Legendenbildung. Kommt es nun andererseits zu den ersten sportlichen Misserfolgen entstehen Versagensängste, insbesondere die Angst vor Statusverlust. So ist eine Auswechselung nicht nur mit dem Frust der Nichtteilnahme am Spiel verbunden, sondern immer auch eine Frage der Ehre und wird begleitet von der Furcht vor Missachtung und fehlender Akzeptanz im Freundeskreis oder bei den Eltern. Die Beweggründe des Trainers werden zudem häufig nicht richtig verstanden oder sogar dazu genutzt, eigene Vorbehalte der Eltern und Freunde zu bestätigen. *„Ich wusste, dass der was gegen dich hat!"* Eine häufige Argumentation. Aus dieser Situation heraus tritt Tim in der kommenden Spielzeit den Kampf um den Platz unter den ersten 11 an. Eine neue Herausforderung. Im Spiel 7:7 konnte ein- und ausgewechselt werden. Es ging hin und her. Nun wird der Kader größer. Man wird nur noch auf einigen wenigen Positionen eingesetzt. Die Konkurrenz entwickelt sich, und der Kampf um die Positionen, Spielanteile und Kaderplätze entsteht. Mittlerweile hat Tim auch verstanden, was es bedeutet, diesen Kampf zu verlieren. Yannik, sein bester Freund hat die Mannschaft zu Saisonbeginn verlassen müssen. Eine Entscheidung, die Eltern und Spieler der Mannschaft nicht verstanden haben. Ausgetragen werden diese Konflikte aber nicht offen, sondern nur im Elternkreis oder unter den Spielern. Die Konkurrenz wird geschürt und das Vertrauen auf die Probe gestellt. Der Verein ist gefordert, für einen umfassenden und transparenten Informationsaustausch zu sorgen. In Standortgesprächen kann über den aktuellen Leistungsstand berichtet werden. Ziel ist es, die Stärken und Schwächen zu analysieren und einen individuellen Trainingsplan zu entwickeln. Informationsabende können dazu dienen, die Ausbildungsziele und

Methoden zu verdeutlichen und somit nachvollziehbarer für Eltern zu machen.

In dieser Altersstufe werden wichtige sportliche und motorische Grundlagen gelegt. Darüber hinaus werden die Lernerfahrungen im Umgang mit den ersten Konfliktsituationen und die Bewältigung der ersten Schwierigkeiten und Hindernisse die weitere Entwicklung entscheidend prägen. Ausgehend von der Zielsetzung, selbständige, durchsetzungsstarke, vom Siegeswillen geprägte Spieler, die sich gleichzeitig für ihr Team aufopfern, zu entwickeln, ist ein transparentes Trainerverhalten erforderlich. Spieler und Eltern müssen die Beweggründe für die Entscheidungen des Trainers kennen und nachvollziehen können, auch wenn man nicht in jedem Fall Verständnis erwarten darf. Der Einfluss des Trainers und somit auch sein Anforderungsprofil wachsen in dieser Zeit enorm. Das Gespräch und der Austausch mit dem Spieler und den Eltern bilden die wichtigste Grundlage für den Entwicklungserfolg. Das Netzwerk für den Spieler im Aufbaubereich der 12- bis 15-Jährigen unterscheidet sich noch nicht wesentlich von den Netzwerkpartnern im Basisbereich. Später, wenn die ersten Auswahlmaßnahmen des Verbandes beginnen, tritt mit 14 bis 15 Jahren der Verbandsauswahltrainer dem Netzwerk bei, und damit rückt auch die Verbindung von Fußball und Schule so langsam in den Blickpunkt. Die Auseinandersetzung und Anforderung gewinnen an Umfang und Intensität. Sportlich öffnet sich mit den ersten Auswahlmaßnahmen ab der U14 somit ein weiteres Spielfeld.

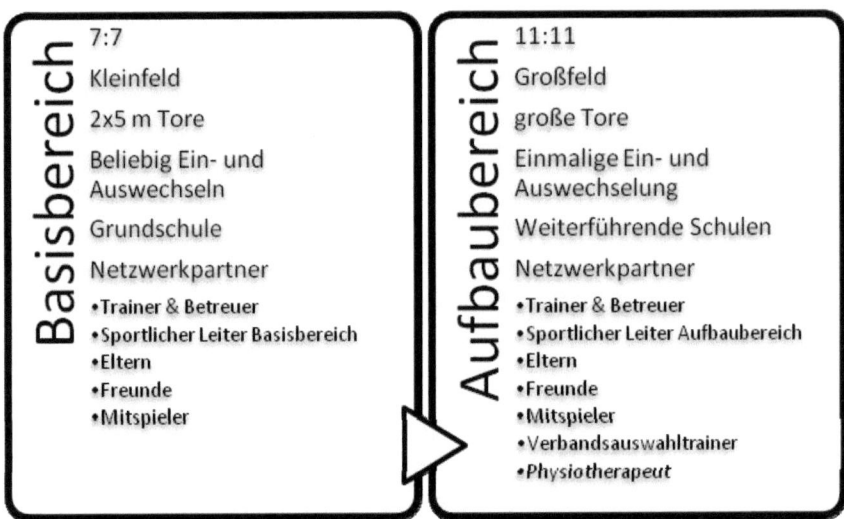

Abbildung 4:   Vergleich Basis- und Aufbaubereich

3 Mit Schule geht es nicht, ohne Schule auch nicht

Beweisbares – Bewegendes – Bewundernswertes

In der heutigen Zeit, in der die Erziehung unserer Kinder die größte gesellschaftliche Herausforderung ist, steht der Begriff „Schule" im Fokus aller Inhalte, die sich mit diesem Thema beschäftigen. Kaum ein anderer Begriff zeigt solch eine mediale Präsenz wie dieser, weil nicht nur die Macher, die Politiker, die Verbände, die Lobbyisten, nein, weil eigentlich jeder Mensch in seinem bisherigen Leben in irgendeiner Form damit zu tun hatte und dadurch der Gedanke sowohl der subjektiven Betroffenheit als auch der Mitsprachemöglichkeit jeglicher Art entsteht. Das Meinungsbild ist sehr indifferent und immer geprägt durch entsprechende Leitbilder, gebunden an gesellschaftliche und kulturelle Veränderungen.

Nun haben wir, die jahrelang mit Schule und Verein an der Basis arbeiten, auch noch in unserer Vorstellung eine Lebensschule „Fußball" konzipiert. Eine Provokation? Etwas Undenkbares? Ein Widerspruch? Vielleicht ein überholtes Vorurteil in bestimmten gesellschaftlichen Schichten? Fußballspielen – etwas Wertvolles für die Erziehung und die Persönlichkeitsentwicklung unserer Kinder! Zunächst werden wir wohl mit dieser These auf Skepsis, vielleicht sogar auf Ablehnung stoßen. Das, was man anderen gesellschaftlich kulturellen Bereichen in der Erziehung zutraut, z.B.

der Musik und der Kunst, ist für den Bereich Fußball noch weit entfernt oder wird sogar infrage gestellt.

Wir versuchen in den folgenden Ausführungen aufzuzeigen, warum wir diese Chance zugunsten gesellschaftlicher Werteerziehung nutzen müssen:

Jeder Mensch hat eine ganz individuelle Bestimmung, eine innere Vision. Diese Vision zu erkennen und zu verwirklichen, prägt unser Leben. Das gilt für Kinder, Jugendliche und auch Erwachsene. Nun haben wir in der normalen Schule Lesen, Rechnen und Schreiben gelernt und auch viel Wissen abgespeichert. Wir haben gelernt, wie lang der Rhein ist, wie viele Einwohner New York hat und vieles mehr. Eben die wichtigen Dinge, die wir zur Allgemeinbildung brauchen.

Aber was wir dort nicht immer lernen ist, wie man wirklich lebt und was man zu einer Lebenskompetenz benötigt. Wie man seinen Körper fit hält, wie man den richtigen Beruf und somit zu seiner Berufung findet. Was wir in der normalen Schule auch nicht in erster Linie gelernt haben ist, wie man seine Probleme löst, wie man Krisen bewältigt, wie man seine Ziele sicher erreicht und seine Lebensvision verwirklicht. Schulen sollten Kinder zukunftsfähig machen. Aber alles, worauf es im Leben wirklich ankommt, lernt man eben nicht allein in der Schule. Und weil es einem auch nicht unbedingt intensiv im Elternhaus beigebracht wird, scheitern viele, bevor das eigentliche Leben beginnt. Inzwischen deuten die sogenannten Kopfnoten auf den Zeugnissen in einigen Bundesländern den Stellenwert sozialer und personaler Kompetenzen in der Entwicklung unserer Kinder an. Obwohl diese Kriterien strittig sind, nehmen sie letztendlich Einfluss auf den Wettbewerb unter Bewerbenden.

Deshalb kann eine Lebensschule, die Unterstützung in der Erziehung leistet, durchaus wichtig sein. Denn erst, wenn wir das alles gelernt haben, erkennen wir, was Leben wirklich bedeutet. Ratsam wäre ein Lebensführerschein – wie in einer Fahrschule, die einem das Autofahren beibringt. Nur wer die Fahrprüfung besteht, wird sich der Herausforderung im Straßenverkehr erfolgreich stellen können. Auch hier gilt das Prinzip der individuellen Förderung. Der eine erhält die Fahrerlaubnis nach 12 Stunden, der andere erst nach 40 Stunden – wie in der Lebensschule, der eine braucht längere und intensivere Begleitung als der andere, um lebenswichtige Kompetenzen zu erlangen.

Das heißt zusammengefasst, dass eine Lebensschule die Persönlichkeitsentwicklung – geprägt durch Schlüsselqualifikationen wie Kommunikation, Teamfähigkeit, Kooperationsfähigkeit, Werteorientierung, mentale Stärke – fördern und begleiten muss.

Die vorgestellte Lebensschule orientiert sich an einer Sportart, dem Fußball.

Fußball dominierte schon immer die Lebenswelt der Kinder, auch heute noch – trotz des Überangebots an medialer Beschäftigung. Fußball ist eine Sportart für alle und wird unabhängig von Ort, Alter, Geschlecht und Kultur gespielt. Er entfacht weltweit eine natürliche Begeisterung und macht Freude. Diese unglaubliche Chance, über eine natürliche Begeisterung positiven Einfluss auf die ganzheitliche Entwicklung von so vielen Kindern und Jugendlichen zu nehmen, soll an dieser Stelle aufgezeigt werden. Wenn Kinder anfangen, in einem Verein Fußball zu spielen, erhält ihr Tagesablauf durch diesen Sport eine Struktur: festgelegte Trainingszeiten, Orte, Spiele, Treffpunkte, Verabredungen usw.

Mit den einfachen Regeln des Fußballs wird das Spielen nach klaren Regeln möglich und das Akzeptieren leicht gemacht. Die umfassende, vielseitige körperliche Betätigung beim Fußballspiel bietet auch Ungeübten die Chance, Leistungs- und Körpererfahrungen zu sammeln. Der Umgang mit „Sieg" und „Niederlage" ist insbesondere in der Sportart Fußball für jeden Einzelnen, aber auch als Gruppenerlebnis außerordentlich wichtig. Gruppenprozesse wie Fairplay, Konfliktbewältigung, ebenso Förderung mentaler Stärke, Stärkung der Frusttoleranz/Kritikfähigkeit in und durch die Gruppe, Erwerb von methodischen Kompetenzen, Förderung der Emotionen, Förderung des Integrationsbewusstseins, Disziplin und damit verbundenes konsequentes Handeln, Kämpfen für seine Stärken, um die Ersatzbank zu verlassen – das alles trägt entscheidend zur Persönlichkeitsbildung der jungen Fußballer bei und macht sie auch für das normale Alltagsgeschehen fit.

Wir schauen nun auf das Realitätsbild von Schule und versuchen aufzuzeigen, wie wir die wesentlichen Ansätze unserer Vorstellung der „Lebensschule Fußball" mit den realen Gegebenheiten der Schule verbinden können. Kehren wir zurück zu unseren Erfahrungsberichten:

Sprüche wie `Der hat es ja gut, um den wird sich ja gekümmert, der braucht in der Schule nichts mehr zu tun...´ sind Anfänge einer möglichen Legendenbildung. Mit dieser Sichtweise von außen endete unser erstes Kapitel. Ja, so könnte man es sehen, wenn man den Blick ins Innere weglässt. Aber genau diesen Einblick zu verschaffen, ist äußerst notwendig.

Beweisbar – ohne Schule geht es auf keinen Fall. Die Schilderung eines 14-jährigen Nachwuchstalents:

„Geil, damit hätte ich nicht gerechnet! Meinen Eltern und mir wurde in einem Gespräch angeboten, ins sogenannte Schulprojekt einzutreten, um mich schulisch zu verbessern bzw. gefördert zu werden. Ich könnte auch auf die Eliteschule des Fußballs wechseln. Nun ja, Klasse 9 ist das nicht so einfach. Aber zur Elite zu gehören, hat ja was! Mein erster Gedanke

war, volle Konzentration auf den Fußball, die Schule erledigt sich ja durch das Projekt. Aber so genau wusste ich das natürlich nicht. Ein Einführungsgespräch mit dem Projektleiter und der Schulleiterin öffnete mir aber die Augen, dass ich für einen Moment sogar dachte, ne, da gehst du nicht hin. Warum? Ja, weil ich viel mehr kontrolliert werden sollte bezüglich Hausaufgaben und Klausuren, Anwesenheit und so weiter, als ich es bisher wurde. Das gefiel mir nicht. Ich sollte beweisen, dass ich auch in der Schule Leidenschaft und Leistungswille einbringen würde. Genau das passte mir nicht. Doch ich spürte, meine Chance auf Positionierung in meiner Mannschaft und meinen sportlicher Erfolg koppelten die Verantwortlichen des Vereins an meine Einstellung zur Schule. Denn sie vertraten die Auffassung, dass nur eine parallel geführte Ausbildung, also im Sport und in der Schule, den Weg zum Erfolg, folglich zur Erreichung des Ziels, Fußballkarriere zu machen, ebnet. Ohne Schule läuft also gar nichts, das musste man mir aber erst mal beweisen. Eigentlich fand ich es doof. Die tägliche Belastung des Trainings, die Spiele am Wochenende und nun auch noch die Forderung nach Leistungen in der Schule, das war ein bisschen zu viel des Guten. Ich unterhielt mich mit meinen Mannschaftskameraden, die schon am Schulprojekt teilnahmen. Oh, hätte ich nicht gedacht! Bis auf eine waren alle Meinungen richtig positiv. Täglich hat man nachmittags mehrere Fachlehrer in der Schule, die einem bei den Hausaufgaben helfen oder Klassenarbeiten mit vorbereiten, Einzelunterricht kann man nehmen, na ja, und der Weg zwischen Schule und Verein ist so kurz, dass er mehrmals am Tag ohne Probleme zu Fuß zurückzulegen ist. Das Hin- und Herfahren zwischen zu Hause, Schule und Verein hätte somit ein Ende, was ja auch sehr belastend war. Nebenbei, warmes gesundes Essen soll es auch jeden Tag geben, aber McDonalds soll fast zu Fuß zu erreichen sein, ein Kiosk auf jeden Fall. Und der „Physio-Termin", er ist oft die Rettung, wenn die Null-Bock-Stimmung einen überfällt. Physiotermine haben natürlich Vorrang vor der Erledigung der Hausaufgaben, so wurde es mir wenigstens übermit-

telt. *Also, Möglichkeiten mal zu schwänzen, gab's auch. Da lohnt es sich
ja dann doch mal, den Versuch zu starten, ins Schulprojekt probeweise
einzutreten. Ach, da war ja noch was, was ich im Einführungsgespräch
erfahren hatte. Meine Eltern und ich sollten was unterschreiben, was
meine Eltern im Gegensatz zu mir mit Begeisterung taten: Eine Verein-
barung, die die Erziehung bzw. einen Verhaltenskodex beinhaltet. Be-
nehmen musste ich mich also auch…noch schlimmer, wenn ich es nicht
mache, erfährt sogar mein Trainer davon und würde mich letztendlich bei
grobem Fehlverhalten deshalb auch aus der Mannschaft rausschmeißen
können. Das hat mich maßlos gestört, was hat Schule mit meinem Trainer zu tun? Aber die Frage habe ich erst mal nicht laut gestellt. Nur der,
der mir die negative Meinung vermittelt hat, war gerade für vier Wochen
aus dem Schulprojekt rausgeschmissen worden. Er sagt, er hätte da nur
mal seine Meinung gesagt und ein bisschen gemotzt, ja die Vokabeltests
wären nicht so gut gewesen, und er hätte eben keinen Bock auf Schule –
im Moment. Hab' ich aber auch nicht, dachte ich, aber Bock auf Fußball.
Ein erstes Gespräch mit der Schulleiterin der Eliteschule gab mir das
Gefühl, das könnte schon klappen hier. Sie war total an Fußball und meiner bisherigen Karriere interessiert, fand ich klasse, aber es kam auch
ganz klar rüber, sie unterstützt mich nur so lange, wie sie bewiesen bekommt, dass mein Interesse an Schule auch vorhanden ist. Eben das sollte ich ihr beweisen.*

*Das Angebot, zur Eliteschule zu wechseln, beschäftigte mich am
meisten. Darin sah ich ja auch einen Vorteil für meine weitere Fußballkarriere. War doch dadurch die Möglichkeit gegeben, mehrmals am Tag
zu trainieren, individueller sportlich gefördert zu werden und somit die
Chance, auf Grund meiner Leistungen in Auswahlmannschaften berufen
zu werden, größer. Außerdem hörte sich das doch gut an, Besuch auf
einer Eliteschule. Ich gehöre dann zur Elite, der Gedanke spornte mich
irgendwie an. Und dann war mein Tag gekommen. Sechs Uhr aufstehen,
6.45 Uhr Abfahrt zur neuen Schule, ich durfte eine Woche mal auf Probe*

da sein. Meinen Platz fand ich in einer Sportklasse mit weiteren vier Fußballern, zwei Schwimmern und zwei Eishockeyspielern. Das waren schon Auswahlspieler bzw. Nationalspieler. Was die können, kann ich auch, als Torwart ist der Sprung in die Nationalmannschaft halt ein wenig schwieriger. Zwischen heute und den Gedanken, bevor ich ins Schulprojekt und auf die Eliteschule wechselte, liegt ein Jahr. Inzwischen sind meine Zweifel verflogen. War ich doch mit lauter wackligen „ausreichend" in den Hauptfächern auf die Eliteschule gewechselt, so habe ich mich inzwischen auf stabile Noten herauf gearbeitet. Täglich Einzelunterricht, Hilfe bei den Hausaufgaben, kurze Wege zum Verein, dadurch auch mehr Zeit, haben mir geholfen, mehr Selbstvertrauen in meine Schulleistungen zu finden. Ich glaube sogar, in mir ist Freude an diesem Weg geweckt worden. Wir haben aber auch immer mal wieder tolle Sachen zusammen gemacht, vom Bowling-Spielen über Kinobesuche und Kanu- oder Wasserskifahren bis hin zu Gesprächsrunden mit Profis nicht nur aus dem Sportbereich, sondern auch aus dem Bereich Sportpsychologie oder Gesundheit. Na ja, die „Physio"-Termine nahmen irgendwann überhand, so dass unser Projektleiter da mal nachbohrte und somit unsere Ausreden unsere Lustlosigkeit aufdeckten. Aber das gehört doch auch dazu, Stress gab's natürlich dann, dafür war aber der Stress zuhause weniger geworden. Den hatte ich dann mehr mit den Betreuern des Schulprojektes und der Mannschaft als mit meinen Eltern. Ich war ja eigentlich nur noch für zwei bis drei Stunden am Abend mit meinen Eltern zusammen, wobei ich dann auch immer die Ruhe und das Alleinsein in meinem Zimmer suchte. Nur das Anlehnen und das sich Fallenlassen war immer noch das Wichtigste an meinem Elternhaus. Machte das meine Eltern traurig? Nun ja, manchmal, aber sie unterstützten mein Ziel und sahen die vielen guten Seiten der Teilnahme an diesem Schulprojekt. Heute ist diese Unterstützung für mich nicht mehr wegzudenken. Jeder sagt mir, ich hätte mich richtig gut entwickelt, ich selbst weiß und spüre, dass ich durch meine veränderte Einstellung zur Schule und dem Willen, *mich weiter zu entwickeln, mir selbst geholfen habe. Ich habe bewiesen, auch manchmal gegen meine Überzeugung, Schule muss sein, ich lerne für mich, mein Leben mit, aber auch ohne Fußball. Trotz allem erlebte ich für mich den größten Erfolg, als mein Trainer mir ein Schreiben des Fußball-Verband Mittelrhein übergab: Die erste Einladung zu einem Verbandsauswahlspiel, 15.9.2009. Tränen der Freude konnte ich nicht unterdrücken, genauso wie damals, nur, dass es damals Tränen der Enttäuschung waren, als ich vom Trainer auf die Bank gesetzt wurde.....* (Erfahrungsbericht eines Spielers, 14 Jahre, 2010).*

Ein Beispiel unter vielen bewegenden Schilderungen, die nicht immer nur Positives enthalten.

Bewegend für uns, die wir aus Vereins- und aus Bildungsverantwortung heraus immer wieder Lösungswege suchen, um diese duale Ausbildung zu fordern und zu fördern. Die Gedanken aus unserer Vision „Lebensschule Fußball" sind dabei zu Orientierungshilfen geworden. Nicht zu vergessen ist die Tatsache, dass wir uns mit jungen Menschen beschäftigen, die in diesem Pubertätsalter ein Recht auf Bockigkeit, Ablehnung, Kontroversen und Fehlverhalten haben. Genau jetzt ist es wichtig klare und konsequente Entscheidungen der Wegbegleiter zu spüren. Aber die Entwicklung zur Elite und die damit verbundene Reifung zur Persönlichkeit erfordern das Erlernen von Konfliktstrategien und sozialen Kompetenzen. Das beinhaltet auch, den Prozess der Eigenwahrnehmung der jungen Menschen zu aktivieren und zu begleiten, um von der Traumwelt ihres Karriereziels „Fußballprofi" in die Realitätswelt zu finden. Sie bringt oft bittere und tränenreiche Erfahrungen mit sich. „Lebe deinen Traum" hört da auf, wo Leistungswille und Fähigkeit sowie leistungsfördernde Lebenseinstellungen nicht gegeben sind. Dieses Realitätsbewusstsein zu schaffen, führt nur über den Kommunikationsweg und basiert auf dem Vorhandensein von emotionalen und vertrauensvollen Beziehungen zu den jeweiligen Betreuern. Hier erfährt das Vorhandensein von Beziehungen seine Wertschätzung. Zum Beispiel stellt sich heraus, dass in diesem Zeitraum einerseits der Einfluss bestimmter begleitender Menschen wächst und andererseits der anderer abnimmt. Der Trainer nimmt ab jetzt eine größere Rolle ein als die Eltern. Das ist nachvollziehbar, denn es steht ein sportliches Höchstziel im Raum, worüber der Trainer mehr entscheidet als die Eltern. Folglich misst der junge Sportler den Wertungen und Ansprüchen des Trainers eine höhere Bedeutung bei als den Meinungen der Eltern. Die Schaffung von Kommunikationsstrukturen zwischen Trainer, Eltern und Schule muss nun erfolgreich greifen. Auch ich als Schulleiterin spürte immer wieder, je vertrauensvoller eine Beziehung zu einem Schüler war, desto größer war die Chance, Einfluss auf Entscheidungen zu nehmen. Die Beratung in Fragen außerhalb der sportlichen Situation war dann einfacher, weil man ständig in einem Austausch war und Situationen emotional nachvollziehen konnte. Das sich in den jungen Menschen Hineinversetzen war stets Grundlage für mein Handeln. Es fing mit der ersten Begegnung schon an, dort sind die Wurzeln, du interessierst mich, ich zeige Respekt vor dir als jungem Menschen und deiner Leistung, ich vertraue dir – Gedanken, die positive richtungweisende Zeichen für den Beginn einer erfolgreichen Zusammenarbeit und Wegbegleitung zum Karriereziel sind. Eine Beziehung entsteht in diesem schwierigen Reifeprozess nicht von alleine, sie muss gewollt sein und aktiviert werden. Der erste Schritt muss von uns erwachsenen erfahrenen Menschen ausgehen. Wir sind gefordert, mit viel Verständnis und Einfühlungsvermögen Signale auszusenden, die bei unseren jungen unerfahrenen Menschen eine Tür zu ihrer Gefühls- und Gedankenwelt öffnen. Eine schwierige, aber eigentlich eine lösbare Aufgabe, wenn man sich, wie wir, immer wieder dieser Herausforderung stellt, indem man auf selbst gestellte Fragen Antworten sucht und die Erfahrungen als Basis für den Umgang mit den Talenten und ihre Erziehung nutzt. Emotionen zeigen, Freude an der Zusammenarbeit spüren lassen, sind dabei Grundvoraussetzung. Dies sollte dann in gemeinsamen Gesprächen, aber auch Unternehmungen immer wieder transparent und zielgerichtet eingesetzt werden. Dazu gehört auch, wenigstens ab und zu ein Meisterschaftsspiel anzuschauen, da, wofür das Herz am schnellsten schlägt. Sicherlich ist es für mich nicht immer ein persönliches Highlight am frühen Sonntagmorgen, aber unstrittig die Erfolgsgarantie für den Anfang einer sozialen Beziehung zu den jungen Top-Talenten, vorausgesetzt dieser Beziehungswille ist authentisch. Es ist die Basis des Erfolges für meine Arbeit, nicht nur mit Talenten, sondern überhaupt mit Kindern und Jugendlichen. Zeige ich Kindern, dass ich sie mag, dass sie mich interessieren, öffnen sich für mich Wege in der Erziehung, die über sachliche Zugänge nie zu erreichen wären. Der Schlüssel zum Erfolg in der Persönlichkeitsentwicklung und damit auch der Fähigkeit zur realistischen Eigenwahrnehmung liegt zunächst in einer erfolgreichen Kommunikation. Dies muss Schule in Form ihres Bildungsauftrags vermitteln.

Bildung – das Kerngeschäft der Schule

Bildung – ein Begriff, der in unserer heutigen Zeit weitreichenden Definitionsansätzen Spielraum lässt. Deshalb ist meine Positionierung in dieser Frage wichtig, um Vorgehensweisen, Verhaltensweisen und auch Denkstrukturen zu verstehen. Mein Weg, Bildung zu vermitteln, ist auch der meines Kollegen, denn wäre er nicht identisch, so könnten wir sicherlich nicht erfolgreich zusammenarbeiten, es würde dann eher in eine Kontraproduktivität führen. Unsere gemeinsamen Gedanken zur Lebensschule Fußball sind unsere Basis. In meinen pädagogischen Handlungen folge ich den grundlegenden Ansätzen des Gehirn- und Bildungsforschers Prof. Dr. Spitzer: Bildung kann nur erfolgen unter Beteiligung von Emotionen. Lernen mit Freude. Nachweislich speichert das Gehirn nur dann Lerninhalte ab, wenn sie mit Freude, Interesse und Neugier aufgenommen werden. Eine Herausforderung. Besonders für die Menschen, die ihre Arbeit in einem absoluten leistungsorientierten Umfeld sehen – so wie wir eben. Folgt man Spitzers Ansatz, darf man nie den jungen Menschen in seiner eigenen Wahrnehmung unterschätzen, seine Gedanken , seine Lebenswünsche müssen ernst genommen werden, und er hat das Recht, dass man ihm mit Respekt und Ernsthaftigkeit begegnet. Wenn allerdings junge Menschen zur Elite in einem Lebensbereich wie hier dem Sport hingeführt werden sollen, stehen zunächst Begriffe wie Leistung, Stress, Druck, Konkurrenz im Mittelpunkt. Sie markieren das Angekommensein an der Weggabelung: Geht der Weg in die Profikarriere oder führt er zurück auf den Weg eines jungen Menschen, der sein Karriereziel, Fußballprofi zu werden, aufgegeben hat. Eine weitreichende Entscheidung im Alter eines 15- oder 16-jährigen. Eine Entscheidung, die bewundernswert ist.

Bewundernswert – das muss an dieser Stelle so beschrieben werden: Es bedeutet hier das Anforderungsprofil an einen jungen Leistungsfußballer, dessen Erfüllung in diesem frühen Alter eine enorme Kraft verlangt. Und deshalb sind wir gefordert, die Entscheidung, Profi zu werden, in Rahmenbedingungen aufzufangen, die durch Emotionen wie Freude, Leidenschaft und Herzblut positive Energien freisetzen. Ist das überhaupt möglich, wo doch im

Alltagsgeschäft eher Leistungsdruck, Konkurrenz, Frust und Gier im Mittelpunkt stehen? Ja, es ist sogar eine Notwendigkeit!

An dieser Stelle sei es erlaubt, die Begründung durch einen anerkannten „Welttorwart des Jahres" zu liefern. In einem Interview im Dezember 2010 äußerte sich Oliver Kahn in einem Zeitungsbericht wie folgt zu der Frage, was er für die Motivation eines jungen Nachwuchstalents im Profibereich für unerlässlich hält: *„Eine völlig überkommene Vorstellung, dass man heute Jungprofis, die zugegeben sehr, sehr viel Geld schon verdienen, mit Druck zu Leistung zu bringen. Ich glaube eher, dass du heute junge Menschen positiv überzeugen kannst, dass der Verein ein Ziel hat, dass es Spaß und Freude macht, dieses Ziel zu verfolgen. Du musst innerhalb der Mannschaft Energie erzeugen, die mit Positivität zu tun hat."*[9] Legt man diese Sichtweise zu Grunde, wird Sport generell, hier speziell der Fußballsport, zu einer idealen Lernumwelt verschiedener psychosozialer Kompetenzen, Empathie, Emotionen und moralischer Sensibilität. Dies sind auch Grundaspekte, die den Begriff „Fairplay" umreißen. Eins der wertgeschätzten Ziele im Sport.

Nimmt man die Metapher „Weg" zur Verdeutlichung des Karriereziels Fußballprofi, so befinden wir uns zu diesem Zeitpunkt an einer, wie eben schon aufgeführt, richtungweisenden Gabelung. In der Einstiegsphase begeben sich die jungen Talente in eine Traumwelt „Fußball", die viele Verlockungen Wünsche und Sehnsüchte weckt, die leider oft zu Irritationen und Fehleinschätzungen führen. Geld, Statussymbole, mediale Präsenz prägen unreflektiert das Bild des Profis. Das begeistert viele Talente. Hier sind nun die Menschen im sozialen und sportlichen Umfeld gefragt, die den Weg entscheidend an dieser Gabelung begleiten. Das Verlassen der Traumwelt beginnt spätestens im Alter von 14

---

9 Aus: Interview Oliver Kahn in bild.de 09.07.2011

oder 15 Jahren. Die Begegnung mit der Realität bedeutet auch aus meinen Erfahrungen für viele das Aufgeben des Ziels. Diejenigen, die es jetzt aber weiter verfolgen, erwartet eine sehr hohe Leistungsanforderung und zwar sowohl in der schulischen als auch in der sportlichen Ausbildung. Genau das ist eine der wichtigsten Realitätserfahrungen, wenn man die Traumwelt verlässt. Das führt dann auch letztendlich zur Feststellung, ohne Schule geht es nicht, und die Lebensschule „ Fußball" findet darin ihre Berechtigung, aber immer flankiert von Freude, Spaß und Positivität. Somit waren die Freudentränen für das erste Verbandsauswahlspiel schon ein kleiner Schritt in die richtige Richtung, positive Emotionen fördern die Leistung – das sollten wir mitnehmen:

Beweisbar – Bewegend – Bewundernswert

4 Endlich geschafft – auf dem richtigen Weg?

Es ist schon ziemlich warm am frühen Morgen. Heute soll es richtig heiß werden. Die Rasenplätze sind in einem perfekten Zustand. Das frisch geschnittene Gras verströmt einen angenehmen Geruch. Eltern, DFB-Trainer, Vereinstrainer, Scouts und Berater säumen zahlreich die vielen Plätze in der Sportschule Duisburg. Man hört sogar zwischendurch neben den bundesweiten Dialekten aus Bayern, Sachsen, Thüringen oder Hamburg englische Wortfetzen. Auch die Vertreter der ehemals reichen englischen Clubs folgen schon frühzeitig den Spuren des nächsten Elitejahrgangs. Die besten Spieler aus Deutschland treffen sich einmal im Jahr zu einem Leistungsvergleich. Tim hat es geschafft. Seine Dribbelkünste haben auch den Verbandstrainer überzeugt, und so wurde er kürzlich in die Auswahl des Landes berufen. Ich habe es mir auf Platz 7 gemütlich gemacht und treffe viele bekannte Gesichter. Alles, was Rang und Namen hat im deutschen Nachwuchsfußball, ist schließlich hier. Eine Pflichtveranstaltung. Für Tim war die Nominierung ein weiterer Schritt in seiner Karriere. Seine emotionale Ergriffenheit zeigt seinen Ehrgeiz. Die Leidenschaft in seinen Augen, das Leuchten, wenn es um Fußball geht. Schnell hat sich aus den neuen Mitspielern ein Team geformt. Alle wollen sich empfehlen für den nächsten Schritt. Eine Berufung in die Nationalmannschaft. Es zählen die eigene Leistung und der Erfolg der Mannschaft. Irgendwie auffallen, damit man auf den Beobachtungszetteln vermerkt wird. Für die Karriere ist dies in jedem Fall förderlich, egal ob nun der DFB-Trainer, andere Vereine oder die Berater aufmerksam werden. Man erhält vielleicht sogar Angebote oder die einmali-

ge Chance, zu den Auserwählten zu gehören, die für Deutschland bei einer Europa- oder sogar Weltmeisterschaft spielen dürfen. Tim hat diese Chance erkannt. Mit seiner Stärke, diesem unwiderstehlichen Dribbling, kommt er butterweich an seinen Gegenspielern vorbei und kann durch einige genaue, scharfe Flanken sein Team auf die Erfolgsspur bringen. Tim wird bestaunt. Er macht den Unterschied und wird notiert. Auch wenn der Trainer in vielen Spielsituationen fast verzweifelt gestikuliert, ihn an seine Aufgaben für das Team erinnert und seinen Blick und die Bewegung nach hinten einfordert. Am Ende stehen der Sieg und der große Erfolg. Tim reckt den Pokal in die Höhe. Geschafft. Auf dem Gang in die Kabine kommt ein freundlich lächelnder Mann auf ihn zu und gibt ihm eine Visitenkarte mit der Bemerkung, er sei einfach überragend gewesen und könne ihn jederzeit anrufen. Sicherlich könne er ihm weiterhelfen, und wenn er ihm seine Telefonnummer geben könnte, würde er ihn anrufen und ihm mal ein richtiges Angebot machen und mal erklären, worauf es wirklich ankommt. Tim lächelt freundlich, bedankt sich und steckt die Visitenkarte ein. Ich stehe bei Tims Eltern, die ebenfalls glücklich und mit Visitenkarten ausgestattet vor der Kabine auf ihren Sohn warten. Tim strahlt. Er hat eine Einladung erhalten. Zu einem Lehrgang in der Sportschule Barsinghausen. Schon in zwei Wochen werden die 30 besten weiter unter die Lupe genommen. Ich beglückwünsche Tim zu seiner guten Leistung und bitte ihn, in den nächsten Tagen zu einem Gespräch in mein Büro zu kommen. Tim kommt mit seinen Eltern, und wir besprechen die weiteren Vorgehensweisen. Was geschieht mit der Schule. Er hat schon eine Woche gefehlt und wird weitere vier Tag die Schule nicht besuchen können. Die fünf in Mathe steht und eine wackelige vier in Erdkunde ist dazugekommen. Keine guten Voraussetzungen, zumal die Konzentration bei Tim überall ist, nur nicht bei einer Strategie, wie die fünf zu beseitigen und die vier zu stabilisieren ist. Eine individuelle Unterstützung dreimal in der Woche neben der schon üblichen Hausaufgabenbetreuung soll Abhilfe schaffen. Ich versuche, ihn auf die kommenden Aufgaben vorzubereiten, appelliere an ihn, sich auf Fußball, Schule und seine Lebensweise zu konzentrieren. Ohne körperliche Fitness ist er auf dem weiteren Weg chancenlos. Ich erläutere ihm, dass er nun die Aufmerksamkeit von anderen auf sich gezogen hat, dass er möglicherweise häufig angesprochen wird und seriöse wie auch vielleicht häufiger unseriöse Angebote erhalten kann und dass der Weg aus dem Kader wesentlich kürzer ist, als sich weiter zu empfehlen, dabei zu bleiben und sich durchzusetzen. Alles ist nur eine Momentaufnahme. In drei Monaten kann es wieder ganz anders aussehen. Tim hat alles verstanden, gelobt den vollen Einsatz in allen wichtigen Lebensbereichen und verlässt mein Büro. Eine Woche später erhalte ich einen Anruf aus der Schule. Was denn mit Tim los sei. Er gehe über Tisch und Bänke, vernachlässige die Hausaufgaben und sei respektlos gegenüber seiner Erdkundelehrerin. Ich versuche zu beruhigen, verspreche ein sofortiges klärendes Gespräch mit Tim und seinen Eltern und bitte um eine unverzügliche Rückmeldung, falls sich sein Verhalten nicht umgehend verbessert. Ich lege den Telefonhörer auf und fasse es nicht. Der Vollidiot. Als nächstes rufe ich seinen Trainer an. Tim sei unkonzentriert und überheblich, lasse die Mitspieler spüren, dass er den Unterschied ausmacht. Eine Fehlentwicklung, ein typischer Verlauf – nachvollziehbar? Eigentlich egal. Es muss in jedem Fall korrigiert werden. Auch ein Chance, so denke ich mir, ihm sein Verhalten aufzuzeigen. Tim muss in dieser Situation Konsequenzen spüren und selbst zu der Einsicht gelangen, dass ein anderer Weg erfolgversprechender ist. Er benötigt die Freistellungen der Schule in der Zukunft und seine Mitspieler, um sich weiter sportlich zu entwickeln und durch mannschaftliche und persönliche Erfolge auffallen zu können. Die Basis seines Erfolges ist in seiner Mannschaft im Club gelegt worden. Um eine notwendige Trainingshäufigkeit und die entsprechenden Freistellungen zu erlangen, muss sein Umgang mit den Lehrern und Mitschülern professioneller werden. Diese Einsicht kann nur mit Vertrauen und in Gesprächen geschaffen werden. Sein Ziel ist jetzt die Nationalmannschaft.

Dieses Ziel kann er nur erreichen, wenn er seine Pflichten effektiv und zielstrebig erledigt und sich so den Freiraum für die Konzentration auf die Maßnahme beim DFB verschafft. Mit Freude könnte er seine Pflichten sogar noch schneller und schmerzfreier erledigen, so entlasse ich ihn nach dem nächsten Gespräch. Natürlich ist mir bewusst, dass er nun nicht lachend vor den Hausaufgaben sitzt, aber vielleicht ist es gelungen, seine Fähigkeiten anzuregen, Gespräche zu führen, zu hinterfragen, nach Lösungen zu suchen, sich selbst zu reflektieren, Entscheidungen umzusetzen und nach Weiterentwicklung zu streben. Eben alles, was unser Verständnis von Bildung ausmacht. Das Streben nach Verbesserung in allen Lebensbereichen und Fähigkeiten. So kann er ein noch besserer Spieler werden! Dies war auch nötig, denn im Lehrgang in Barsinghausen musste Tim sich mit den Besten messen. 30 Spieler aus ganz Deutschland, die meisten von Ihnen spielen bereits bei den Top-Clubs der Bundesliga. Bei allem Spaß der Jugendlichen untereinander, spürt man auch die Konkurrenz. Das Beäugen untereinander, die bekannten Beobachter am Rande, das Trainerteam des DFB – alles zusammen ließ eine ungekannte Nervosität in Tim aufsteigen. Später berichtet er: „Ich hatte das Gefühl nichts mehr zu können, kam mir so klein und wie ein Nichtskönner vor. Erst als mir am zweiten Tag mein Supertrick gelang und ich den großen Blonden ziemlich alt habe aussehen lassen, ging es aufwärts. Meine Beine wurden plötzlich leicht, ich traute mir mehr zu und das Gefühl, eine Bleiweste zu tragen, verschwand. Mit meiner besten Leistung am dritten Tag im Spiel bin ich dann irgendwie in die nächste Runde gerutscht." Tim erlebte eine neue Art von Konkurrenz. Er stieß neben neuen Freunden auch auf Ablehnung und Missgunst. Wenn er jetzt klein beigegeben, seine Stärken aus den Augen verloren hätte und sein Selbstbewusstsein dahin geschmolzen wäre, hätte dies das vorläufige Ende der Träume von der Nationalmannschaft bedeutet. Die Tagesform, das Wohlbefinden, die innere Stärke zum Zeitpunkt der Auswahl sind ausschlaggebend. Die entscheidende Tugend ist, alles zu zeigen, wenn es darauf ankommt. Wettkampfstärke und Siegeswillen musste Tim zeigen, um sein Ziel zu erreichen. Dazu benötigte er einen gewissen Anlauf. Unterstützung von den Mitspielern, ein aufmunterndes Wort des Auswahltrainers, eine differenzierte kritische Rückmeldung des Vereinstrainers und die täglichen Anrufe der Eltern. Jede Menge an unterstützenden Kräften war für den Start notwendig. Jetzt hatte Tim mit diesem Zuspruch sein Selbstbewusstsein wiedererlangt. Man hatte den Eindruck, dass er sogar etwas gereift war, aber immer auf einem sehr schmalen Grat zwischen Selbstvertrauen und Überheblichkeit, Entschlossenheit und Eigensinn, einer hohen Spielbereitschaft und dem Alles-Alleine-Machen-Wollen und der Übernahme von Führungsaufgaben mit Verantwortung und Jetzt-gehört-mir-alles-auf-der-Welt. Nach einem halben Jahr war es dann so weit. Das erste Länderspiel. Eine Woge der Begeisterung. Stolze Eltern, stolze Vereinsvertreter, stolze Berater und sehr stolze Spieler erleben die Begeisterung von mehr als 5000 schulbefreiten Schülern und Schülerinnen und vielen anderen jugendfußballinteressierten Zuschauern. Ein Schülerländerspiel ist etwas Besonderes. Ein Erlebnis, welches sich tief in die Erinnerungen eines jeden Spielers eingraben wird. Die Erfüllung eines ersten Traums für nur sehr wenige, eben die Elite. Fragen, wie lange bin ich Teil dieser Elite und wird es weitere Möglichkeiten zur Verwirklichung meiner Träume geben, spielen jetzt keine Rolle. Tim steht mit seiner Mannschaft und glänzenden Augen am Anstoßkreis. Die Nationalhymne wird gespielt. „Einigkeit und Recht und Freiheit …" wir sind uns einig: Tim hat es sich verdient, und heute spielt nur der Fußball und die Freude darüber eine Rolle und natürlich der Sieg über England.

Deutschland hat im WM-Jahr 2009/10 den Nachwuchsbereich in Europa dominiert. Mit drei Europameistertiteln konnte die erklärte Zielsetzung des DFB, Turniere zu gewinnen, erfolgreich wie nie umgesetzt werden. Noch vor zehn bis 15 Jahren blickte man ziemlich ratlos nach Frankreich. Die Franzosen dominierten in der Jugend und wurden am Ende Weltmeister. Bei näherer Betrachtung konnte eine hinreichende Erklärung vor allem in der unterschiedlichen Trainingshäufigkeit gefunden werden. Die Einführung und Weiterentwicklung der Leistungszentren sowie die beginnenden Kooperationen mit den Schulen ermöglichten schließlich in Deutschland eine deutliche Steigerung der Trainingshäufigkeit. Zudem veränderte sich die Denkweise in der Förderung der Talente. Sie wurden mehr und mehr unter ganzheitlichen Aspekten betrachtet und gefördert. Die Änderung der Spielklassenstruktur 1999 mit Einführung der A- und B-Junioren-Bundesliga sorgte für eine konstante Spiel- und Wettkampfanforderung auf höchstem Leistungsniveau. Die in jüngster Zeit durch die DFL eingeführte Zertifizierung dient heute zudem als transparentes Instrument der Qualitätssicherung und Verbesserung der Leistungszentren. Trotz dieser rasanten und positiven Entwicklung hat man heute mit Spanien ein neues Vorbild. Der aktuelle Weltmeister ist auch in der Entwicklung und Förderung der Talente das Maß aller Dinge. Die vielfach bestaunte Spielkultur ist um einen wichtigen Punkt ergänzt worden. Eine Siegermentalität zeichnet die Spanier heute mehr denn je aus. Ein Ziel, das auch Matthias Sammer, Sportdirektor des DFB als unbedingt notwendigen nächsten Schritt ansieht: 'Wir müssen eine moderne Spielweise mit den traditionellen Tugenden im deutschen Spiel wie Leidenschaft, Robustheit und Siegeswillen verbinden, wenn wir die Spanier in Zukunft schlagen wollen'[9] (Sammer 2011)

Eine Anforderung, die auch Tim, wie alle anderen Nachwuchsspieler in der DFB-Förderung erfüllen muss. Mitten in der Euphorie, den nächsten so großen Schritt geschafft zu haben, den

---

9 Vgl. Interview Matthias Sammer aus Fußball24.DE vom 16.06.2011 (dpa)

Zuspruch und die Aufmerksamkeit auszukosten, sich jetzt zum Genießen zurückziehen zu können, kommt die nächste sehr wichtige Erfahrung. Der Weg zum Karriereziel Profi wird deutlich steiler. Höhere körperliche Anforderungen, mehr Konkurrenzerfahrungen, der Umgang mit Neid und Missgunst fordern mitten in der Phase der Pubertät, der eigenen Orientierung ein Höchstmaß an Selbstbeherrschung und Disziplin. Mit diesen gemischten Gefühlen, den wechselhaften emotionalen Befindlichkeiten und einer stärkeren Beeinflussung durch die soziale Umwelt kehrt Tim in den Alltag zurück.

Nach seiner Rückkehr gab es viel zu erzählen. Die Freunde zu Hause, die Mitschüler in der Eliteschule für den Fußball, die Lehrer, alle wollten wissen, wie es war. Soviel Zuspruch und Anerkennung hat er selten erfahren. Irgendwie schauten die Mädchen ihn auch anders an. Ihm begegnete mehr Lächeln und Freundlichkeit, als er es sonst gewohnt war. Das konnte ja so weitergehen. Der Alltag kehrte jedoch zurück. Manches Lächeln verschwand, die nächste Arbeit stand an, Training bei Wind und Wetter im Herbst. Nun ist es kalt geworden. Höhepunkte stehen vor der Winterpause nicht mehr an. Nur Arbeiten. Die Eltern fangen auch wieder an zu nörgeln. Wo ist ihr Stolz geblieben? Der Trainer war mit den letzten Spielen auch nicht so ganz zufrieden. „Jetzt als Nationalspieler könne er wohl auch mehr Verantwortung von mir erwarten, ein Vorbild soll ich sein und in jedem Spiel den Unterschied ausmachen, eben die Truppe zum Sieg führen", erklärte mir Tim bei unseren regelmäßigen Gesprächen. Nach der letzten fünf in Mathe haben sich dann die Eltern gemeldet. Der verpasste Stoff sei noch nicht aufgeholt worden, Tim drohe den Anschluss zu verlieren, die Lehrer seien nicht nett zu ihm und würden ihn ganz falsch sehen und überhaupt, Tim sei total überfordert. Das ist natürlich nur die halbe Wahrheit. Die andere Hälfte steckt in Tim selbst: seiner mangelnden Motivation, das Verpasste nachzuholen, statt-

dessen sich lieber in dem Zuspruch anderer zu sonnen oder seine Träumereien zu genießen. Aber auch die Situation in der Schule hat sich deutlich verändert. Der Ernst beginnt.

Analog zu den Veränderungen der sportlichen Situation hat die Pisa Rückmeldung zu einer strukturellen Veränderung in den schulischen Anforderungen geführt.

Europäische Vergleiche fördern die Nachdenklichkeit im Sport und in der Schule. Einsichten zu Veränderungen entwickeln sich natürlich auch durch den internationalen Vergleich der unterschiedlichen Schulstrukturen. Finnland, Schweden oder etwa auch Kanada sind Orientierungsmarken, die uns beim notwendigen Ist-Soll-Vergleich in der deutschen Bildungspolitik helfen. Es ist schon faszinierend, wie schnell plötzlich Sprachförderung, Vergleichsarbeiten, Ganztagsschule, eigenverantwortliches Arbeiten, Methodenkompetenz bis hin zur Frage nach eventuell doch Sinn machenden integrierenden Ansätzen nicht mehr nur noch programmatische Qualität erhalten, sondern die Erlasslandschaft in rasantem Tempo veränderten. Vor der Gefahr des populistischen Aktionismus durch die schlechten Ergebnisse dieses internationalen Schulvergleichs warnten viele Beteiligte an der bildungspolitischen Diskussion. Somit suchte man immer mehr den konstruktiven Dialog im Bereich Schule. Der Unterricht wurde wieder als zentrales Element von Schule belebt. Die Fragestellung nach der Art und Weise des Lehrens und Lernens führte z.B. zur Einführung von kooperativen Lernformen, individuellen Lernstrategien, die – festgeschrieben in den Richtlinien und Lehrplänen – eine Verbindlichkeit für alle Lehrer erhielten. Psychologische und neurowissenschaftliche Erkenntnisse bildeten die Wegbereiter.
Innovatives Handeln unter dem Aspekt der selbständigen Schule wurde als Maßnahme genauso postuliert wie der Wunsch nach

einheitlichen qualitätsüberprüfenden Tests. Bildung erkannte man wieder als zentrales Kapital der Zukunft. Trotz der erheblichen Änderungen im Bereich Schule infolge der Pisa-Ergebnisse bleibt auch hier, analog zum sportlichen Bereich, der entscheidende Grundsatzgedanke:

Menschen machen Schule!

Hier schließt sich der Kreis im dualen System – Ausbildung im Leistungsfußball und Ausbildung in der Schule. Diese werden geprägt durch menschliche Beziehungen, die durch Werte, Emotionen und Erfahrungen die Lebenswirklichkeit eines jungen Talentes beeinflussen und damit eben auch den Erfolg.

Im internationalen Vergleich konnte Deutschland sportlich deutlich an Qualität und Erfolg zulegen. Abzuwarten bleibt jedoch die Integration der offensichtlich zunehmend vorhandenen Talente in die Bundesliga. Die nächsten Jahre werden zeigen müssen, ob sich über die Erfolge bei der Jugend die Quote der über den Nachwuchs entwickelten Bundesligaspieler signifikant verbessern wird. Die Qualität in der Ausbildung der Spieler sowie die Zusammenarbeit zwischen den Nachwuchsleistungszentren und den Lizenzspielermannschaften werden dabei ausschlaggebend sein. Nur über die sportlich verantwortlichen Entscheider und die Lobbyisten für den Nachwuchsfußball in den Vereinen wird der Nährboden für Talente zu bestellen sein. Bis dahin ist jedoch noch ein weiter Weg zu bewältigen. Neben dem Sport spielen die ganz normalen Entwicklungsschritte eine zunehmend bedeutende Rolle – vor allem dann, wenn die Spieler die schönen Seiten des Lebens kennen lernen.

5 Die schönen Seiten des Lebens: Schmetterlinge im Bauch – Stolpersteine auf dem Weg zum Karriereziel?

Die erste Freundin

Ein denkwürdiger Tag! Wie immer schweift mein Blick montags früh auf die Bank im Foyer. Treffpunkt meiner FC -Jungs, die, durch ihre weiten Fahrstrecken bedingt, schon um 7.20 Uhr in der Schule sind. Was macht denn Alex für ein Gesicht. Ist es seine Traurigkeit über das schlechte Spiel am Sonntag? Erinnerungen in mir werden wach! Das stimmt, es war ein schlechtes Spiel von Alex, was er mit einer Auswechslung quittiert bekam. Das auch noch, dachte er sicherlich, wenn, dann kommt es „dicke"! Was ist bloß mit ihm los, fragte ich mich als seine Schulleiterin, aber auch als seine enge Vertraute. Eigentlich sieht der 15-jährige bei Frusterlebnissen im Spiel am Sonntag dann anders aus. Was mag er haben? Ärger? Mit wem? Den Eltern, dem Trainer, dem Lehrer.....sonst war mir nichts eingefallen! Ich fragte ihn, ob er nach der Schule mit mir zusammen zum Essen gehen möchte. Er willigte ein, denn das war immer eine gute Möglichkeit ein privates Gespräch zu führen. Was ich dann jedoch erfuhr, machte mich betroffen. Die Jungs unterscheiden sich doch nicht von den anderen Altersgenossen! Alex hatte sich verliebt! Natürlich gehört das auch zum Erwachsenwerden dazu. Aber ich hatte aus den Augen verloren, dass der junge Leistungssportler natürlich ein Recht auf die schöne Seite des Lebens hat – das Verliebt sein! Etwas Wunderbares, die erste Freundin zu haben, also warum die Traurigkeit in seinem Blick?

Die Antwort berührte auch mich. Seine Freundin akzeptierte nicht das tägliche Training, das verplante Wochenende mit Fußballspielen. Sie wollte laut Alex die Zeit nur mit ihm verbringen….den Stadtbummel, das Shopping, die Zweisamkeit. Er sollte sich nun entscheiden…sie oder Fußball. Was war nun meine Rolle? Sollte ich nur zuhören, die Entscheidung beeinflussen, ihm Hilfestellung anbieten, ja, aber wie? Eine neue Herausforderung auch für mich, zum ersten Mal eine Entscheidung in eine bestimmte Richtung zu beeinflussen, darf ich mir das Recht nehmen? Ein denkwürdiger Tag…. denn die Tatsache, dass unsere Top-Talente auch ganz normale Jungs in einem schwierigen persönlichen Entwicklungsprozess sind, hatte ich wohl selbst für einen Moment aus den Augen verloren.

Das Entscheidende in meiner Aufgabe ist, das eigentliche Problem zu erkennen. Nur dann kann man an Problemlösungsstrategien arbeiten, wohlwissend, dass die Basis einzig und allein das vertraute Verhältnis ist. Dies ist Voraussetzung. Das ist etwas, was wächst, das ist weder zu bestimmen noch zu leiten, das Vertraute kann nur von beiden Seiten gewollt und durch viele gemeinsame Erfahrungen entwickelt werden. Beide Seiten, sowohl der junge Mensch als auch ich, als erfahrene Pädagogin, müssen durch Respekt, Wertschätzung und einfach durch Verständnis eine emotionale Ebene schaffen, um die Beziehung so reifen zu lassen, dass, wie hier im Fall Alex, eine Unterstützung auch im privaten Bereich gewünscht wird. Jedoch gab es immer wieder Momente, wo auch ich erfahren musste, dass nicht jeder sich auf diese Weise öffnen wollte. Dazu später mehr.

Zurück zu Alex. Als ich das Problem erkannte, suchte ich zunächst das Gespräch mit meinem Kollegen, Christoph Henkel, und fragte ihn um Rat. Er, der schon jahrelang im Fußballgeschäft tätig ist, konnte mir einige Lebensgeschichten von Nachwuchsspielern erzählen. Dabei wurde uns beiden klar, wie wichtig es ist, in den jungen Sportlern auch den jungen Menschen zu sehen, dessen Persönlichkeitsentwicklung sich an gemeinsamen Werten, denen des Elternhauses, der Schule und des Vereins orientieren muss. Dies erleichtert die Beratung und Begleitung in der Ausbildung. Hier kommen der Respekt und die Individualität zum Ausdruck. Wir müssen ihm das Gefühl geben, seine Fragen, seine Gedanken zu respektieren und vor allem seine Individualität zu fördern. Und das bedeutet, für ihn auch im Privaten einen Weg zu finden.

Nach dem Gespräch mit Christoph Henkel ging ich gestärkt in die Beratung von Alex. Zunächst ist es von großer Wichtigkeit, das Signal zu senden, „ich nehme dich und dein Problem mit deiner Freundin Ernst". Zu erkennen durch Ruhe und Zeit, die man sich nimmt, um ein Gespräch zu führen. Bei Alex geschah dies nach dem Training. Wir setzten uns in eine Pizzeria, und Alex konnte einfach seinen Gedanken und Gefühlen freien Lauf lassen. Er konnte dies! Das hilft natürlich. Wesentlich schwieriger ist es, wenn die Fähigkeit zur Emotionalität fehlt oder nicht gewollt wird.

Alex war zum ersten Mal an einem Punkt in seiner Persönlichkeitsentwicklung angekommen, an dem er die Sinnfrage stellte, in einem Alter nämlich, in dem sich diese Probleme stellen. Der junge Mensch muss sich mit seinen eigenen Lebensentwürfen auseinandersetzen, wichtig, dass er eigene Vorstellungen überhaupt entwickelt. Bei meinem Schüler war sein Lebensentwurf zunächst für ihn klar. Er wollte ja Fußballprofi werden, durch Druck auch einen Schulabschluss schaffen.

Doch plötzlich durchkreuzte etwas Unvorhersehbares seine Pläne! Seine erste Freundin, das Gefühl der Schmetterlinge im Bauch, das Verliebt sein, all das, was die Natur im Erwachsenwerden des Menschen vorsieht. Bei Alex indes hat dieses Gefühl in seiner besonderen Zielausrichtung, Fußballprofi zu werden, ein Gefühlsgewitter ausgelöst. Macht es noch Sinn Profi werden zu wollen, will ich auf Freundinnen und das schöne Leben verzichten? Berechtigte Selbstzweifel. Nun sind wir gefragt. Die, die im Netzwerk um den jungen Nachwuchsspieler eingebunden sind, um ihm auf seinem Weg die nötige Hilfe anzubieten. Alex wollte sie, indem er das Gespräch suchte. Auch für mich eine Herausforderung, ein Grat zwischen Möglichkeiten und Grenzen, zwischen der Einflussnahme und der objektiven Beratung. Mein erster Schritt war, Freude daran zu haben, auch seine Freundin kennen zu lernen. Dadurch sah ich eine Chance, mit beiden einen Weg zu finden, gelebte Freundschaft und das angestrebte Karriereziel zu verwirklichen. Auch die Freundin muss sensibel sein für Alex' Pläne, sie mittragen und Kompromisse unterstützen. In der konkreten Umsetzung bedeutete dies, am Zeitmanagement zu arbeiten. Ein Stundenplan mit integrierten Trainings- und Übungszeiten half zunächst eine Übersicht über das tatsächliche Leistungspensum zu erhalten.

Die Grenzen waren rasch zu erkennen. Eine Freundin, die kein Verständnis für diesen dualen Weg hat, wird nur Probleme mit Alex bekommen. Ein Bejahen dieser Situation kann aber durchweg zu einer Freundschaftsbeziehung führen, die glücklich wird und viel Kraft und Stärke in die Beziehung einfließen lässt. Daran reift auch die Persönlichkeit.

Alex und seine Freundin haben das nicht geschafft, weil der Drang der Freiheit bei dem Mädel zu groß war. Bei Alex war der Drang, Fußballprofi zu werden, größer als der Wunsch nach mehr Freizeit. Begünstigt wurde das durch seine sportlichen Erfolge, die sich Gott sei Dank in diesem Zeitraum immer mehr offenbarten. Wie es gewesen wäre, wenn es im Fußball nicht so gut gelaufen wäre, das weiß niemand. Das ist gut so. Das Leben und seine Wege müssen weiter individuell und offen bleiben.

Partymeile und Shopping

Eine große Versuchung – muss man ihr widerstehen?

War es nur ein Ausrutscher, gegen den Tabellenletzten im Meisterschaftsspiel der U19 einen Punkt zuhause abzugeben der war es vorhersehbar. Warum? Nun ja, in den letzten Wochen gab es einen bemerkenswerten Nebenschauplatz im Leben unserer Talente: Die Partymeile.

Eine Zusammenfassung aus Erzählungen einiger Spieler:

Es begann so: Eine Geburtstagsfeier vor zwei Monaten in einer Disco. Es war der Renner, das Gesprächsthema vor und nach dem Training. Wie das Leben nun so spielt, hatte sich auch in der Fußballmannschaft eine Clique gebildet, die das Leben außerhalb der Fußballwelt eroberte und zwar rasant:

Es wehte ein laues Lüftchen über der Partymeile, begleitet von einem hohen Geräuschpegel, verursacht durch feiernde, teilweise alkoholisierte junge Menschen. Gedränge vor einzelnen Kneipen und Discoeingängen, Bier- und Schnapsflaschen säumten die Straße. Mittendrin die Jungs, ausgerechnet die, die sonst Disziplin in allen Lebensbereichen demonstrieren müssen, um ihr Ziel erfolgreich zu verfolgen. Trotzdem, da musste man doch einfach mal die andere, ja die schöne Seite des Lebens eines 16jährigen live erfahren. Also reihte man sich in das Partylöwengemenge ein. Der Weg führte zu einer Disco, in der eine Geburtstagsfeier statt-

fand. Schön! Einfach nur schön – ohne Fußballschuhe, kein Kommando, keine Konkurrenz, keine Anschnauzerei... Erholung pur!

"Mir kann keiner Vorschriften machen, wie ich mich in der Freizeit zu verhalten habe, wenn ich auf dem Platz meine Leistung abrufen kann."

Ein Satz, der immer mal wieder ausgesprochen wurde. Ja, es wurde ein Cocktail getrunken, ja, zwei haben sogar mehr genossen. Ein Abend, der viel Stimmung und Gelöstheit bis zu einem Punkt brachte, nämlich bis zur plötzlich auftretenden inneren Unruhe einiger Jungs, die sich mit der Frage konfrontiert fühlten, wie sieht es wirklich morgen auf dem Platz aus? Die Antwort wurde ja eingangs gegeben... schlug nun das schlechte Gewissen? Eine Unsicherheit?

Ein Gedankenwirrwarr in den Köpfen entsteht. Hinzu kommt genau in dieser Lebensphase ein weiterer Nebenschauplatz! Er befindet sich auf der Spielwiese der Statussymbole:

Hatte man wirklich das beste und neueste Handy? Waren die Klamotten die eyecatcher? Oh, was geschah plötzlich in den Köpfen unserer Talente? Die Antwort kann doch nur lauten: Etwas ganz Normales!

Was heißt "normal" in diesem Fall – eine Sinnfrage
Als "normal" bezeichnet man in der Soziologie das Verhalten, das sich an vorgegebenen, gesellschaftlich anerkannten Rollenerwartungen orientiert. Der junge Mensch in seiner Persönlichkeitsfindung muss in seiner Pubertätsphase auch die Dinge im Leben kennenlernen, die eine Herausforderung mit dem Umgang bedeuten.

Genau so war es bei unseren Jungs. All das, was die 15-17-Jährigen in ihrer Lebensart prägt, den Freiheitsdrang nach einem eigenständigen und selbstbestimmten Leben zu erforschen, genau das wird bei einem Spitzentalent zunächst ein Wunschgedanke bleiben müssen. Er hat zu begreifen, dass sein Lebensstil dem eines Spitzensportlers angepasst sein muss. Was bedeutet das? Nur Bildung und Sport? Kein Freizeitspaß? Keine Freundin? Kann das glücklich machen? Ist es das, was ich will? Viele Fragen, die zunächst unbeantwortet stehen bleiben. Sie demonstrieren jedoch, dass mit Recht, auch das junge Top-Talent eine Auseinandersetzung mit der Sinnfrage des sportlichen Lebensstils führt. Für mich als Pädagogin eine immer wiederkehrende Entwicklungsphase, die mich selbst veranlasst, die Wertigkeit des sportlichen Lebensstils eines jungen Menschen zu überprüfen. Auch zehn Jahre Erfahrung bringen keine eindeutige Antwort, wenn sich auch eine nachweislich wiederholende These aufstellen lässt: Je stärker der Wille bei einem Top-Talent zum sportlichen Erfolg vorhanden ist, d.h. je klarer die Zielsetzung und der Wille zur Erreichung ausgeprägt sind, desto geringer sind Zweifel und Ablehnung der sportlichen Lebensweise. Ich habe im Laufe der Jahre zwei Beispiele kennengelernt, die – ohne zu polarisieren – bis heute der Realität entsprechen: Die Fußballtalente, die – Ausnahmen bestätigen die Regel – ohne Nikotin und Alkohol, Disco und rauschende Feiernächte ihren Lebensstil gefunden haben, finden wir heute in den Profimannschaften, in der Nationalmannschaft. Die, die den Schwerpunkt verlagerten, eben auf die Partymeile usw. spielen zwar weiter Fußball, haben es aber deutlich schwerer.

Wichtig finde ich jedoch an dieser Stelle den Hinweis auf die Ausnahmeregel: Ein Blick in die erziehungswissenschaftliche Interpretation zeigt, unsere große Herausforderung ist es, ohne Verbote, aber mit klaren Regeln den Umgang mit bestimmten gesellschaftlichen Reizen zu vermitteln. Genau an dieser Stelle ist unser Netzwerk gefragt: Die Schule, der Verein, der Trainer, die Eltern, wir alle müssen einer gemeinsamen Erziehungsphilosophie folgen. In diesem Falle bedeutet das die Schaffung von unentbehrlichen Strukturen einer funktionierenden Kommunikation. Nur diese Voraussetzung führt zu einer erfolgreichen Wegbegleitung zum Karriereziel.

Eigenen Lebensstil finden

Dieses ist das wichtigste Ziel in der Beratung und Entscheidungshilfe für ein Nachwuchstalent. Der Jugendliche muss seinen eigenen Lebensstil finden. Wie auch immer seine Entscheidung ausfallen wird, ob beeinflusst durch seine Umwelt, den Freundeskreis oder durch sein Netzwerk aus Verein und Schule – Menschen prägen seinen weiteren Weg. Mit diesem Bewusstsein ist es für uns als Nahestehende aus dem Bereich Schule und Sport eine Herausforderung, einen jungen Leistungssportler auf den profiorientierten Lebensstil vorzubereiten.

Es gibt schon eindeutige Hinweise, die eine Annahme oder Ablehnung signalisieren. Ein renitentes Verhalten z.B. im Bereich Ernährung und Gesundheit zeigt oft, dass die Einsicht in die Notwendigkeit nicht vorhanden ist, und damit erhält man auch einen Beleg dafür, dass der Wille zur Karriere eines Fußballprofis eher angedacht als realitätsnah ist. Da dies von Talent zu Talent erheblich divergiert, kann man nur von einer individuellen Betreuung sprechen. Jeder einzelne muss mit seiner heranwachsenden Persönlichkeit respektiert werden. Der Alltag zeigt letztendlich auch heute unter den Profis unterschiedliche Lebens- und Verhaltensweisen. Trotzdem haben sie – jeder in seinem Rahmen – Erfolg. Der Grundstein für die zu erwartende Disziplin in allen Lebenslagen im Profigeschäft wird allerdings in den jungen Jahren gelegt.

Eine mehrdimensionale Methode zur Persönlichkeitsentwicklung

Methoden beschreiben im ursprünglichen Sinn Wege planvollen Handelns. Doch können Methoden auch Interessierte oder Beteiligte aktivieren und motivieren, ebenso Erwartungen transparent machen, zur Kommunikation und Interaktion führen. Wichtig ist jedoch zunächst eine klare Zielformulierung. Sie entscheidet letztlich über die Art der Methode. In unserem Kapitel "Die schönen Seiten des Lebens" sind Wege gefragt, die zur Förderung und Stärkung der Persönlichkeitsentwicklung des Nachwuchstalents beitragen. Gefragt ist sicherlich hier die Ebene der Interaktion, die Beziehungsebene. Eine besondere Herausforderung, denn jeder weiß, dass der Eingriff in menschliche Beziehungen mit Emotionen, Lebenseinstellungen und Geduld zu tun hat. Wir haben die Erkenntnis gewonnen, dass die Methoden des sich „Einlassens – Loslassens" und die der Kommunikation die größten Entfaltungspotentiale abrufen konnten. Was bedeutet das?

Unser Ziel war transparent, die jungen Talente sollten ihren eigenen Lebensstil und Ziele finden. Sie selbst sollten Möglichkeiten und Grenzen ihres Weges zum Profi selbst erfahren und daraus für sich Schlüsse ziehen. In diesen jungen Jahren braucht jeder jedoch die Unterstützung, den Halt durch Erfahrene, in diesem Beispiel durch uns. Wir haben uns auf sie eingelassen, d.h. wir haben den Wunsch gehabt, sie kennen zu lernen in ihren Gefühlen und Wahrnehmungen, indem auch wir unsere Wahrnehmungen, unser Fühlen in Begegnungen zum Ausdruck gebracht haben. Ein Signal zu geben, dass man den jungen Menschen ernst nimmt, sich für ihn interessiert, sich auf ihn einstellt. Ganz wichtig ist, dass dies im Kontakt zum Betreffenden Berücksichtigung findet. Dies schafft Vertrauen und ermöglicht Kommunikation. Die Methode des sich Einlassens eröffnet einen Weg, junge Menschen zu verstehen, ihre Entscheidungen nachvollziehen zu können. Das Loslassen ist zwangsläufig dann auch eine Methode. Der Jugendliche hat das Recht, auf Distanz zu gehen, sich anders zu entscheiden.

6 Die Entscheidung fällt

„ Ich hatte Glück gehabt"

Lebenstraum und Lebenswirklichkeit – ein Traumpaar für Top-Talente?

Ein entscheidendes Kapitel, nicht nur in unserem Buch, sondern auch auf dem Weg zum Karriereziel Fußballprofi eines jungen Nachwuchstalentes. Die Entscheidung fällt – eine Aussage, die in alle Lebensbereiche eines jeden Menschen passt. Wir schauen uns allerdings einen besonderen Entscheidungsprozess an, der durch viele schon erwähnte Begleitumstände meistens ein öffentlicher ist und der zudem über eine Karriere entscheidet, die zunächst alternativlos und ein Scheitern unvorstellbar für einen jungen talentierten Fußballer ist. Lukas Podolski oder Mario Götze zum Beispiel sehen viele im Nachwuchs als ihr Vorbild an und geben alles, um diesen Weg ebenfalls einschlagen zu können. Sie haben sich dazu entschieden, klingt doch so einfach, denn „...ich habe auch Talent...". Das wissen die meisten, die dieses Ziel vor Augen haben und leiten davon auch sein Erreichen ab. Doch ist es so einfach zu sagen, die Entscheidung fällt dafür oder dagegen? Mit Sicherheit nicht. Die Wirklichkeit zu vermitteln ist für alle Wegbegleiter immer wieder eine Herausforderung, denn der junge Spitzensportler ist noch nicht in der Lage den komplexen Entscheidungsprozess zu erfassen. Das ist auch gut so, denn dadurch bestimmen seine Lockerheit, sein ungebremster Wille und seine Freude das Spiel. Dies kann den Prozess auch entscheidend beeinflussen, wie wir im letzten Kapitel von Mario Götze erfahren werden – einem, der es geschafft hat. Einen Faktor haben wir bisher noch nicht erwähnt, der aber manchmal unerlässlich für das Erreichen des Karriereziels ist. Er ist nicht messbar, nicht zu bestimmen und auch nicht zu beeinflussen: das Glück. Ja, man muss einfach das Glück haben, zum richtigen Zeitpunkt den richtigen Trainer am richtigen Ort zu treffen und sich diesem in sportlicher Hochform präsentieren zu können. Dann können diese glücklichen Umstände entscheidend zum positiven Karriereverlauf beitragen. Wo Glück eine Rolle spielt, ist das Pech nicht weit entfernt. Pech, wenn z.b. eine Verletzung den Weg nach oben verzögert, wenn ein Formtief einen ausbremst, wenn der Trainer, ob Vereins- oder Nationaltrainer, nicht *„auf einen steht"*, man einfach nicht sein Typ ist, oder auch, wenn die Nebenschauplätze zu verlockend waren, z.b. eine Stippvisite nach Mailand zum Einkauf von Klamotten oder der VIP-Bereich in der Disco, angehimmelt von vielen schönen Frauenaugen, die Konzentration auf das Kerngeschäft, das Fußballspielen, nicht mehr so zulassen, wie sie sein müsste.

Im weiteren Verlauf der Ausführungen konzentrieren wir uns auf die Faktoren, die in weiten Teilen aus unserer langjährigen Erfahrung beeinflussbar und vorhersehbar sind und dazu beitragen können, das gewünschte Karriereziel zu erreichen, wohl wissend, dass eben bestimmte Dinge wie Glück und vieles mehr irgendwie dazu gehören. Definitiv ist aber festzuhalten, dass Glück alleine ein Talent nicht zum Profifußballer werden lässt.

In unseren vorangegangenen Ausführungen haben wir immer wieder den Begriff „Lebenswirklichkeit" im Zusammenhang mit der Persönlichkeitsentwicklung junger Leistungsfußballer benutzt und ihm eine zentrale Rolle in unserem Thema zugeordnet. Die jeweilige inhaltliche Bestimmung haben wir jedoch bisher noch nicht mit Leben gefüllt, weil jeder die Lebenswirklichkeit kennt, eben seine eigene. Um uns besser in die eines Top- Talentes hinein zu versetzen, skizzieren wir zunächst den Lebensalltag eines 17-18 jährigen, der kein Leistungssportler ist.

Ein Jugendlicher in diesem Alter erlebt nach allen Erfahrungen, unabhängig von Faktoren wie Zeit, Ort und gesellschaftlichem Status einen immanent wichtigen, aber auch aktiven und persönlichkeitsprägenden Lebensabschnitt. Neben der festzulegenden beruflichen Zielperspektive zeichnet sich diese Phase durch einen großen Freiheits- und Unabhängigkeitsdrang aus, der häufig zu Konflikten mit den Erziehungsberechtigten, Lehrern oder Trainern führt. Aufzuwachsen in einer Spaßgesellschaft, wie Kritiker unsere Zeit oft bezeichnen, kann bedeuten, Konsum genießen, Ausgehen, Disco, Chillen, Chatten, Computer spielen…. einfach sich mehr mit Spaß als mit ernsten, wichtigen Dingen zu beschäftigen, vor allem auch sich selbst mit seinen Wünschen und Bedürfnissen wahrzunehmen und zu behaupten oder leider auch sich durch andere zu viel beeinflussen zu lassen. Gruppendynamische Prozesse begleiten das Erwachsenwerden nicht unerheblich. Sicherlich trifft das auf einen großen Teil der Jugendlichen zu, aber als erfahrene Pädagogin kann ich auch über andere Erkenntnisse berichten. Junge Menschen werden leistungsmäßig entgegen der oft kommunizierten Meinung in der Öffentlichkeit, enorm gefordert, der Anspruch an ihre Bildungsqualität ist sehr hoch, der Konkurrenzkampf ist sehr spürbar, nur die Besten erhalten die Ausbildungs- und Studienplätze. Leistung ist ein Begriff, an dem auch junge Menschen ohne ein Spitzentalent zu sein, sich orientieren müssen. Trotzdem besteht ihre Wirklichkeit aus einem großen Bereich freiheitsorientierter Aktivitäten. Eine Phase, an die sich jeder von uns gerne erinnert, gezeichnet durch Wege, die oft grenzwertig waren, das Gefühl des Abenteuers weckten. Was darf ich und was darf ich nicht? Genau das, was ich nicht darf, war doch das Spannende. Darüber kann jeder erzählen. Das ist die Lebenswirklichkeit eines Heranwachsenden. Die Balance zu halten zwischen einerseits richtungweisenden, persönlichen Entscheidungen, z.b. beruflicher Art, und andererseits dem Genießen von Freiheiten, eben den schönen Seiten des Lebens, so wie sie von uns schon beschrieben wurden. Festzuhalten gilt für diese jungen Menschen, dass ihr ausgeprägter Freiheitssinn im Normalfall keinen Einfluss auf die Entscheidung des Berufsziels oder Karriereziels hat. Diese Frage aber stellt sich für ein Top-Talent in der Eliteförderung des Spitzenfußballs: Lässt der Lebenstraum, Profifußballer zu werden, ein gedankliches Zusammenspiel mit der aufgezeigten Lebenswirklichkeit zu? Kann seine individuelle Lebenswirklichkeit mit seinem Lebenstraum ein Traumpaar werden? Schafft er es in jungen Jahren, seine Lebenswirklichkeit so zu definieren, dass sie den Lebenstraum Wirklichkeit werden lässt? Die Entscheidung fällt – ein zentraler Moment. Auch in unseren Erfahrungsberichten. Ein Augenblick, der das Leben nicht nur auf dem Fußballplatz, sondern auch auf allen Nebenschauplätzen erfasst, bewegt und lenkt. Es bleibt aber immer noch die zentrale Frage, wer oder was letztendlich an dieser Stelle die Entscheidung beeinflusst. Welche Entscheidungen sind überhaupt denkbar? Wie groß ist der Einfluss, den ein Leistungsfußballer selbst nehmen kann?

Entscheidungsprozesse bestimmen den Weg zum Ziel. Ein junger Mensch, der kein handwerkliches Geschick hat, kann z.B. kein Schreiner werden. Ohne Sprachbegabung kann man kein Dolmetscher werden. Fehlt das mathematische Verständnis, kann man nicht in das Bankgeschäft einsteigen. Eben Lebenswirklichkeiten. Nun schauen wir auf den jungen Fußballer. Hat er kein Talent, so kann er nicht Leistungsfußballer werden, entsprechend der aufgezeigten Beispiele. Kehren wir die Thesen einmal um. Hat er das Talent, wird er dann Leistungsfußballer? Hat er das mathematische Geschick, wird er dann Ingenieur? Ist das wirklich so einfach? Natürlich müssen Aussagen relativiert und inhaltlich reduziert und präzisiert werden. Aber dennoch bleibt ein großer Unterschied festzustellen zwischen dem Entscheidungsprozess eines jungen Spitzentalents beim Übergang in den Profisport und dem jungen Menschen, der mit seinen persönlichen Fähigkeiten seinen Platz in der Berufswelt sucht.

Ein 17-Jähriger, der in der A–Jugend (U 19) eines Erst-Bundesligavereins spielt, Nationalspieler ist, hat nicht nur in seiner Selbstwahrnehmung einen Öffentlichkeitsstatus erreicht, vielmehr wird auch durch die Fremdwahrnehmung der Netzwerkpartner diese Bekanntheit im medialen und sozialen Umfeld unterstützt. Fällt die Entscheidung für einen Lizenzvertag, so bedeutet das die Erreichung des Karriereziels. Geschafft – heißt es dann, zu lesen in unserem Abschlusskapitel. Bis dahin kann aber noch ein steiniger Weg zwischen U19 und dem Sprung in den Profikader und dem ersten Einsatz in einem Bundesligaspiel liegen. Wer erteilt wann dieses Vertragsangebot? Natürlich der Arbeitgeber, in diesem Fall die Geschäftsführung des Vereins im Zusammenwirken mit dem Trainer. Und genau hier spielt nicht nur sein Talent eine entscheidende Rolle. Wie groß ist der Konkurrenzkampf? Wie hoch ist die Quote der Mitbewerber? Wird die Position in der Profimannschaft gesucht? Ist der Berater ein akzeptierter angesehener Gesprächspartner im Verein? Kann der Jungspieler eine positive Persönlichkeitsentwicklung nachweisen? Ist er ein Sympathieträger oder eher ein Querulant? Welche Rechte hat er noch aus seinem auslaufenden Vertrag? Was waren seine Vereinbarungen? Nach all diesen Fragen, bleibt eine Frage noch offen, eben die, die den Unterschied im Leistungsbereich Fußball ausmacht: Hat sein Talent so viel Potential, dass es sich stetig weiter entwickeln kann? Genau diese sportliche Entwicklungsprognose gilt es festzustellen.

Hier greift wieder unser Leitgedanke: Menschen prägen Wege zum Ziel. Unterschiedliche Sichtweisen über die Bestimmung des Talents eines jungen Fußballspielers sind nichts Besonderes. Sie kommen nun mal in vielen Bereichen vor. Ein Lehrer kann auch auf die schulische Laufbahn durch sein Verhalten gegenüber dem Schüler Einfluss nehmen, ja eine Entscheidung so oder so beeinflussen. Dies sollte und darf eigentlich nicht sein, aber Mensch bleibt Mensch mit all seinen Gefühlen und Möglichkeiten. Objektives Beurteilen hat überall seine Grenzen. Genauso wie die Möglichkeit einer Talentbestimmung. Auch hier gibt es natürliche Grenzen. Vieles führt anhand von Fakten, Daten, statistischen Werten, Laktattests (anhand bestimmter Blutwerte wird der Fitnesszustand ermittelt), ständigen Leistungskontrollen im Bereich der Schnelligkeit usw. zu wichtigen Erkenntnissen, um die weitere individuelle sportliche Entwicklung zu unterstützen. Doch eine garantierte Prognose wird es in diesem Bereich nicht geben. Die Entscheidung ist gefallen. Tim, U19-Spieler, erste Berufung in die Nationalmannschaft, erzählt:

„Leere in mir, obwohl ich von so vielen Zuschauern gesehen werde wie noch nie! Ist es wahr? Höre ich die deutsche Nationalhymne, und stehe ich auf dem Rasen mitten in diesem großen Stadion? Ich spüre nichts, bin gefesselt von meinen eigenen Gefühlen. Selbst der Schiedsrichterpfiff zum Anstoß hätte mich nicht bewegen können. So erwachte ich vor fünf Jahren aus einem Traum, der mich immer wieder begleitete. Ich erzählte diesen Traum in der Schule, im Verein, den Freunden, meinen Eltern, und alle Antworten gingen in eine Richtung, Träume könnten wahr werden. Zumal ich wusste, dass ich als großes Talent galt. So wurde es mir von vielen vermittelt.

Oft erinnere ich mich noch einmal an die Sprüche meiner Schulkamera-
den, auch meiner Lehrerin. Besonders zwei davon haben mich immer
wieder begeistert:"

- *„Wenn wir uns von unseren Träumen leiten lassen, wird der Erfolg*
  all unsere Erwartungen übertreffen."(Henry David Thoreau)

- *„Träume keine kleinen Träume, denn sie haben keine Kraft."*
  (Johann Wolfgang von Goethe)

Und nun, fünf Jahre später ...

„Ich sitze auf einer Kabinenbank, mich erinnernd an den Kindheits-
traum, und weiß, er ist in Erfüllung gegangen. Nun läuft alles ab, ohne
dass ich es wirklich begreife. Der Nationaltrainer schickt uns raus. Ich
stehe im Mittelpunkt des Rasens, eingereiht in das Mannschaftsgefüge,
und die Nationalhymne spielt wirklich. Das Spiel beginnt, der Kampf
ebenso. Ein Spiel mit Höhen und Tiefen, eine erste Halbzeit, die mich
weiter träumen ließ, und eine zweite, die mir die Wirklichkeit offenbarte.
Unvorhersehbar! Eigentlich nicht vorstellbar! Unkonzentriert mit einem
hohen Kräfteverlust spielend, musste ich in der 65. Spielminute auf die
Bank. Kein gutes Gefühl. Chance vertan? Frust statt Lust? Ich musste
durchatmen, tief Luft holen und wollte Alleinsein. Das war nun die
Wirklichkeit. Auch die aufmunternden Worte meines Trainers, meiner
Eltern oder das Telefonat mit meinem Vereinstrainer konnten meine
Stimmungslage nicht positiv beeinflussen. Ein Gefühl, das ich nicht
kannte. Ich war aber eigentlich schon immer ein Kämpfer, ich wollte
nicht resignieren, aber der richtige Umgang mit meiner ersten großen
Enttäuschung war eine große Herausforderung für mich. Im Nachhinein
glaube ich, für viele Menschen in meinem engen Umfeld auch. Zumal auf
der Vereins–Homepage und in den regionalen Zeitungen mein Einsatz in
der Nationalmannschaft mit vielen Infos veröffentlicht wurde. Ja, die

Presse… eigentlich fand ich es super, ein Bild von mir in der Zeitung zu sehen, einen Bericht über die Einberufung zur Nationalmannschaft zu lesen. Wenn es läuft, ist das ja auch super, aber was mag wohl heute drin stehen? Überforderung? Enttäuschung? Ich musste mich nun der Wirklichkeit stellen… es war eben nicht rund gelaufen. Ich hatte Angst vor den Bemerkungen oder Fragen der anderen, auch der Mannschaftskameraden. Ich wusste, ich hatte Neider. Sie ließen auf dem Parkplatz schon mal Bemerkungen fallen, Seitenhiebe natürlich auch, wenn ich mir neue Klamotten gekauft hatte. Aber eigentlich hatte ich nichts darum gegeben. Ich war halt besser als andere, damit mussten ja die anderen klar kommen. Ich bekam viel Lob in der Presse, vom Nationaltrainer, ok, mein Vereinstrainer und der Geschäftsführer des Leistungszentrums waren nicht immer mit allem einverstanden, fanden manchmal meinen Lebensstil, aber auch meine Spielweise unangemessen, ich sollte professioneller handeln. Aber wenn ich ehrlich bin, habe ich das nicht so ernst genommen. Mir waren die Aussagen des Nationaltrainers wichtiger. Dass man mich nun in der Pizzeria erkannte und ich Autogramme schreiben musste, war ja nun wirklich ein Zeichen der Berühmtheit. Ich wurde wahrgenommen. Das war ein geiles Gefühl. Kritische Töne wollte ich nicht hören. Ich fand meinen Status klasse, dafür hatte ich ja auch viel geleistet. Natürlich passierte es schon mal, dass ich ein weniger gutes Spiel ablieferte, aber daran war ich nicht alleine beteiligt. Das Bild, das ich von mir selbst hatte, zeigte bis zum Tag des ersten Einsatzes in der Nationalmannschaft viele Glanzlichter.

Ich wollte unbedingt mein Karriereziel erreichen und Profi werden. Ein schlechtes Spiel kann doch nicht das Ende der Träume bedeuten, oder? Ich muss dringend mit meinem Berater sprechen. Der wird mir schon den richtigen Weg zeigen, der muss mir Ratschläge geben. Trotzdem, im Inneren quälten mich Fragen. Hatte ich vielleicht zu wenig den kritischen Tönen Aufmerksamkeit geschenkt? Zu allem kam noch hinzu, dass die Schule wohl auch einen Beschwerdebrief wegen mangelnder Arbeitseinstellung und verschlechterter Noten rausgeschickt hatte. Meine

Eltern waren ganz schön sauer. Irgendwie spürte ich, die Entscheidung fällt, es liegt an mir, in welche Richtung es nun weitergeht. Warum musste ich erst jetzt mit dieser Situation konfrontiert werden? Doch ich wollte wissen, warum das Spiel nicht so lief, wie ich es eigentlich selbst erwartet hatte. Ich beschloss – und darin sah ich meine Chance -, mich mehr mit meinen mir nahestehenden Kritikern zu beschäftigen als mit mir selbst. Dies war meine erste selbst getroffene und zielgerichtete Entscheidung. "

Tim war ganz schön schnell in der Wirklichkeit angekommen und war selbst in der Lage, den Ernst zu erkennen. 2.628.000 Stunden – fünf Jahre – hat er von diesem einen Augenblick nicht nur geträumt, sondern alles, besser fast alles dafür getan, diesen Moment zu erfahren, die Krönung seiner bisherigen Leistung. Binnen von Sekunden änderte sich nun für ihn aus seiner Sicht die Situation. Die Auswechslung – ein Vorgang, mit dem er niemals gerechnet hatte. Aus unserer Sicht für Tim eine wertvolle Lebenserfahrung zum richtigen Zeitpunkt.

Schauen wir uns zunächst einmal den Steckbrief von Tim an:

Persönliche Daten	<ul><li>Tim</li><li>17 Jahre</li><li>Sportinternat seit 2 Jahren</li><li>Schüler 12. Klasse</li><li>seit 1 Jahr Zusammenarbeit mit Berater</li><li>keine feste Freundin, wechselnde Beziehungen</li><li>Elternunterstützung eingeschränkt durch große Entfernung</li></ul>

Sportlicher Werdegang	<ul><li>mit 5 Jahren Eintritt in Heimatverein</li><li>mit 10 Jahren Wechsel in Leistungszentrum</li><li>mit 15 Jahren Verbandsauswahl</li><li>mit 17 DFB-Auswahlspieler</li><li>Mittelfeldspieler, 6er</li></ul>
Schulischer Werdegang	<ul><li>Grundschule</li><li>Realschule</li><li>Gymnasium (Eliteschule des Fußballs)</li></ul>
Lebensweise	<ul><li>viel Schlaf</li><li>bevorzugt Fast-Food</li><li>hoher Medienkonsum (Facebook)</li></ul>
Sozialverhalten	<ul><li>teilweise mangelnde Kritikfähigkeit</li><li>manchmal oberflächlich</li><li>gelegentlich respektlos gegenüber Lehrern</li><li>enger Freundeskreis innerhalb Sportinternat</li><li>teilweise hohes Aggressionspotential</li></ul>
Unterstützende Maßnahmen	<ul><li>Zusammenarbeit mit Sportpsychologen seit 6 Monaten</li></ul>

Dieser exemplarische Steckbrief charakterisiert die Lebenswirklichkeit eines Spitzenfußballers auf dem Weg zum Profi. Richten
wir unseren Blick mal genauer auf die kleinen Schwächen unseres
Spielers. Dass er ein Talent mit den besten sportlichen Voraussetzungen ist, ist unstrittig, dass er aber auch eine Selbstwahrnehmung hat, die durch das Ausblenden kritischer Töne Gefahren in
sich birgt, zeigt seine zuvor beschriebene Situation deutlich. Der
Faden, an dem die Entscheidungsrichtung hing, wurde immer
dünner. Doch bei Tim kam die Erkenntnis, sich selbst in seiner
Erwartungshaltung und seiner Lebenseinstellung unter dem Aspekt „Professionalität" kritisch zu überprüfen, zum richtigen Zeitpunkt. Er nahm das Angebot des Trainers und sportlichen Leiters
an, seine Situation mit einem Sportpsychologen aufzuarbeiten.
Hier kam wieder das Netzwerk zum Tragen. Alle Partner und
Wegbegleiter wurden wieder ins Boot geholt. Die Schulleiterin
beschrieb den derzeitigen Leistungsstand und die Möglichkeiten,
Defizite aufzuarbeiten. Der Verein unterstützte dies durch Bereit-
stellung von Nachhilfe-Lehrern. Der Trainer ermöglichte weitere
individuelle Trainingseinheiten. Der Sportpsychologe arbeitete mit
Tim an seiner mentalen Stärke. Und die Eltern und Freunde stütz-
ten ihn durch eine starke emotionale Einbindung. Ein Vorzeige-
Beispiel, das mit Erfolg verlaufen ist. Das Netzwerk um den Spieler hat funktioniert. Das Zusammenführen erkenntnisreicher Daten und Fakten, aber auch hohe Sensibilität, Leidenschaft und der
absolute Wille, das Karriereziel zu erreichen, haben zu einem guten Ende geführt. Tim unterschrieb Monate nach seiner ersten
Einberufung in die Nationalmannschaft seinen Profivertrag. Das
bedeutete: Training mit der Lizenzmannschaft, im ersten Jahr
Meisterschaftsspiele in der U23, bei Bedarf auch Einsatz in der
Bundesliga, ab dem zweiten Jahr nur noch Einsatz bei den Profis.
Gleichzeitig machte er sein Abitur. Auch wenn der Notendurch-

schnitt nicht im Spitzenbereich einzuordnen ist, sein Ziel, den Abschluss zu schaffen, hat er erreicht. Die duale Karriere hat das erste Etappenziel zu vermelden. Die Entscheidung ist gefallen – ein großartiger Erfolg.

7 Geschafft – ein Traum wird wahr

Ein Einblick

Geschafft – sicherlich in allen Lebenslagen ein Bekenntnis, ein Ausruf, begleitet von viel Freude, Stolz und Leistung. In unseren Ausführungen bedeutet „Geschafft", das Karriereziel Fußballprofi erreicht zu haben. Was gibt's Schöneres für einen jungen Spieler, der von Kind an dieses Ziel vor Augen hatte, als sein Empfinden, das große Ziel erreicht zu haben. Ein Traum wird wahr, so lautet auch ein Ausspruch in der Fußballersprache.

Zwei junge Top-Talente haben sich unseren Fragen zum „Geschafft – Gefühl" gestellt. Zwei Jungprofis, in unterschiedlichen Erstbundesliga-Clubs zuhause, die viele Spiele in der Nationalmannschaft bis zur U17 gemeinsam absolviert haben, letztendlich darüber auch zu einer Freundschaft gefunden haben. Mario Götze und Reinhold Yabo erzählen über ihren Weg bis hin zum „Geschafft – ein Traum wird wahr."

Interview Mario Götze

Mario, wir möchten uns gerne mit dir über deinen Weg vom 10-jährigen Fußballer bis zum heutigen Jungnationalspieler und Stamm-Bundesligaspieler unterhalten. War es schon immer dein Traum als kleiner Junge, Fußballprofi zu werden? Wie würdest du dich selbst als kleinen Jungen beschreiben?

„Ja, es war schon immer mein Traum. Schon als kleines Kind träumte ich davon, Fußballprofi zu werden. Mit neun Jahren habe ich das schon immer in Freundschaftsbüchern eingetragen. Frech, aufgewühlt und nicht ruhig zu kriegen, also fußballverrückt war ich schon immer, auf jeden Fall. Aber auch zurückhaltend, ruhig und nicht egoistisch. Neben dem Talent, das jeder einzelne geschenkt bekommt, sind der Fleiß, der Wille, immer an sich zu arbeiten, nie aufzugeben und Rückschläge zu verarbeiten, wichtige Eigenschaften.“

Wo hast du angefangen, Fußball zu spielen?

„Aufgrund dessen, dass mein größter Bruder Fabian Fußball spielte, war es nur eine Frage der Zeit, bis ich auch in einem Verein spielen konnte. Erst beim FC Ronsberg im Allgäu und dann in einem Stadtteil in Dortmund beim Hombrucher SV. Und schließlich bei Borussia Dortmund in der E1.“

Wann und wer hat dir zum ersten Mal gesagt, dass du ein Fußballtalent bist?

„Eigentlich war ich schon immer gut, auch schon als Kind. Das haben auch viele Leute gesagt. Wirklich wahrgenommen habe ich es erst ab 16 Jahren durch meinen Trainer und Berichte über mich in den Zeitungen.“

Hat das dann deinen Lebensalltag verändert?

„Mein Wille, Fußballprofi zu werden, wurde immer stärker als ich merkte, dass der Traum wahr werden könnte. Ja, ich fokussierte mich noch mehr auf den Fußball, zum Leidwesen meiner Eltern vernachlässigte ich die Schule, leider habe ich dadurch auch weniger meine Freunde gesehen.

*Das fand ich schade, aber ich wollte nur an meinen Fähigkeiten im Fuß-
ball arbeiten."*

Wie wirkte sich das auf deine schulischen Leistungen aus?

*„Ja, negative Beeinflussung ist nur auf die Schule zu beziehen. In der
Schule genoss ich aber trotzdem wertvolle Momente, einfach Schüler mit
den anderen zu sein und Unsinn zu machen, eben mal wieder frech und
nicht ruhig zu kriegen. So ab 16 Jahren war die Schule nur noch Pflicht
und Last für mich, meine Eltern ließen nicht locker, eigentlich hätte ich
nämlich lieber den Zeitaufwand für die Schule noch mehr fürs Training
benutzt. Trotzdem wollte ich aber irgendwie gute Ergebnisse in der Schule erreichen."*

Was haben deine Eltern dazu gesagt?

*„Wie gesagt, sie ließen nie locker, was meine Bildung betraf. Fast tägliche
Gespräche über den Wert von Bildung, führten auch dazu, dass ich
Nachhilfeunterricht nehmen und mit meinem Vater Mathe lernen muss-
te. Wir einigten uns auf eine Formel, solange die Versetzung nicht ge-
fährdet war, war die Lage zuhause entspannt und das Thema abgehakt.
So lief es auch wirklich gut."*

Wie hat sich dann dein Weg fortgesetzt, schulisch und sportlich?
Hast du in der Schule Unterstützung auf deinem Weg erfahren?

*„Die ersten 11 Jahre meiner schulischen Laufbahn habe ich keine Unter-
stützung erhalten und wenn nur geringfügig von fußballbegeisterten
Lehrern. Durch eine hohe Fehlstundenanzahl durch DFB und BVB hatte
ich einiges versäumt und war auch nicht in der Lage, das nachzuholen.
Es fehlte mir die Zeit, aber auch die Unterstützung und die Lust. Des-*

halb wechselte ich dann in die 11. Klasse auf ein Sportgymnasium und belegte die Leistungskurse Sport und Mathe. Dieses Gymnasium hat mir vergleichsweise sehr geholfen, besonders mein Stufenleiter, Englisch- und Sportlehrer. Ich wurde oft freigestellt und die Lehrer waren auch immer bemüht, fehlende Materialien mir zukommen zu lassen. Dennoch war es alles andere als optimal. Doch eines muss ich noch erwähnen, der Schulwechsel brachte für mich auch eine positive Entwicklung in meiner Persönlichkeit mit sich: Ich begegnete neuen Menschen, Lehrern, die mit mir unterstützend zusammen arbeiteten. Und auch wichtig: Ich musste lernen, meine Gewohnheiten umzustrukturieren, selbständiger zu werden, Zeitmanagement selbst zu steuern, Entscheidungen selbst zu treffen..."

Kannst du mal problematische Situationen skizzieren?

„Hier gibt es schon einige Situationen. Das Beenden der Schule und die Aufnahme privater Nachhilfe und das Aufgeben von Beziehungen zu Freunden und Freundinnen: Das waren schöne Erlebnisse, mit anderen weggehen, bei anderen übernachten, mit anderen in Urlaub fahren ..."

Hattest du mal einen Tiefpunkt?

„Ja, ganz klar, das Jahr 2008. Ich konnte durch Verletzungen nicht mehr als vier Wochen an einem Stück spielen, viel Reha, Aufbautraining ließen das nicht zu. Aber aufhören, nein, daran habe ich nicht gedacht. Ich muss schon sagen, dass ich froh war, in dieser Zeit die Schule zu haben, sie war gute Ablenkung und Überbrückung in diesem Zeitraum, ich hatte halt andere Aufgaben als Fußball spielen."

Zum Menschen gehören emotionale Beziehungen, sie stärken und helfen in schwierigen Situationen. Kannst du darüber was erzählen?

„Meine Beziehung zu meinen Eltern ist und war die Wichtigste. Sie waren immer für mich da, egal, wann und wo, gaben mir Geborgenheit, haben mir den Rücken immer mehr gestärkt und mir geholfen, Schule und Fußball irgendwie doch unter einen Hut zu bringen."

Du hast auf deinem Weg sehr viele Wegbegleiter: Eltern, Freunde, Trainer, Betreuer, Mediziner, Physiotherapeuten, Lehrer, Berater, usw. Wen würdest du maßgeblich als deine Talentförderer bezeichnen?

„Eltern – Reimöller – Pezzaiuoli – Hyballa – Klopp" (Anm. der Autoren: alle genannten Personen, mit Ausnahme der Eltern, sind seine Trainer gewesen)

Was würdest du heute einem 10-jährigen Jungen, der vom Fußballprofi träumt, mit auf den Weg geben, um das Ziel zu erreichen?

„Ich würde ihm sagen, dass er auf ganz viel verzichten muss, jeden Tag trainieren, und für mich entscheidend, man darf nicht den Druck verspüren, ich muss jetzt trainieren, sondern ich hab Spaß und Freude, es ist ein Genuss, nun trainieren und Fußball spielen zu gehen. Dieses Gefühl muss ein ständiger Wegbegleiter bleiben…"

Nochmal kurz zu einem Thema, das sicherlich immer mehr auf dich zugekommen ist: der Umgang mit den Medien? Hast du eine besondere Schulung erhalten?

„Nein, ich habe keine Schulung oder Unterstützung erfahren. Natürlich war und bin ich sehr aufgeregt bei Pressekonferenzen, aber inzwischen denke ich, dass ich auch meine Natürlichkeit beibehalten kann, mir keiner

in den Mund legt, was ich sagen soll. Somit sammle ich meine eigenen Erfahrungen, eben auch dann, wenn ich mal was wohl nicht so Richtiges aus Sicht von anderen gesagt habe, aber das bringt mich ja dann auch wieder weiter, und ich find's gut, wenn ich selbst entscheiden kann, was ich sage, meine Fähigkeit, selbst zu entscheiden, wird immer mehr gefragt."

Zum Abschluss, welche Ziele hast du dir noch gesteckt?

„Verletzungsfrei zu bleiben durch Kraft und Stabilisationstraining, dieses Jahr Deutscher Meister zu werden, Champions League zu spielen, bei großen Turnieren wie EM und WM mitzuspielen."

Interview Reinhold Yabo

Reinhold, wir möchten uns gerne mit dir über deinen Weg vom 10-jährigen Fußballer bis zum heutigen Tag als Jungnationalspieler und Stamm- Bundesligaspieler unterhalten. War es schon frühzeitig Dein Traum, Profifußballer zu werden?

„Anfangs wollte ich Lokführer werden, weil ich Züge damals richtig toll fand! Später habe ich dann den Traum entwickelt, Fußballprofi zu werden. Meine Eltern wollten immer nur, dass ich das mache, wozu ich auch Lust habe! Sie haben mich lediglich immer unterstützt. Als kleiner Knirps war ich ziemlich frech und wollte immer die ganze Aufmerksamkeit auf mich lenken. Habe meine Eltern und ältere Schwester oft genervt. So richtig fußballverrückt bin ich jedoch nicht gewesen. Sicherlich gehörten hunderte von Bällen zu meinem Equipment. Ich hatte, als ich noch kleiner war, noch nicht die Eigenschaften, die ich brauchte, um meinen Traum zu leben! Sie haben sich im Laufe der Zeit entwickelt. Der Grundstein war und ist bis heute die Liebe zum Spiel!"

Wo hast du angefangen, Fußball zu spielen?

„Angefangen habe ich bei mir im Garten. Dort habe ich öfters mit meinem Vater gespielt. Schließlich fragte er mich, ob ich denn nicht gerne im Verein spielen wollen würde. Ich bejahte natürlich euphorisch. Mit vier habe ich das erste Spiel für den SV Teutonia Niedermerz absolviert."

Wann und wer hat dir zum ersten Mal gesagt, dass du ein Fußballtalent bist?

„Das ist sehr schwer, da kann ich mich kaum daran erinnern! Ich glaube es war mein erster Trainer, der dies zu mir meinte. Damals bin ich schon allen davongelaufen."

Hat das dann deinen Lebensalltag verändert?

Nein, nein, dies hatte bei mir keine Auswirkungen auf meinen Lebensalltag!

Nahm die Veränderung Einfluss auf die Schule, auf deine Einstellung zur Schule oder auf deine schulischen Leistungen?

„Auch hier gab es keine Veränderungen. Man hat mir immer eingebläut, wie wichtig die Schule doch sei und dass man sie nicht vernachlässigen dürfe. Deshalb habe ich auch weiterhin immer versucht, in der Schule Gas zu geben."

Wie haben deine Eltern reagiert?

„Sie haben nie etwas fordernd gesagt, sondern mich mehr gepusht, am Ball zu bleiben. Schulisch gesehen!"

Wie hat sich dann dein Weg fortgesetzt, schulisch und sportlich? Hast du in der Schule Unterstützung auf deinem Weg erfahren?

„Mit der Zeit hat sich mein Hauptaugenmerk mehr auf den Sport gerichtet, weil man dem Ziel immer näher zu kommen schien. Doch auch dann habe ich Personen gehabt, die dies nachvollziehen konnten und dennoch mich weiter in der Schule fortbewegt haben. Und mir jegliche erdenkliche Hilfe angeboten haben, damit ich ein optimales Verhältnis zwischen Schule und Sport an den Tag legen konnte."

Hattest du mal einen Tiefpunkt? Wolltest du mal aufhören?

„Es gab oft Situationen, an denen man länger zu knabbern hatte. Es kommen immer wieder neue Erfahrungen, mit denen man lernen muss umzugehen. Aber richtig umzugehen! Den Gedanken aufzuhören – den gab es auch bei mir!"

Zum Menschen gehören emotionale Beziehungen, sie stärken und helfen in schwierigen Situationen. Kannst du darüber was erzählen?

„Ich hatte immer schon Leute um mich herum wie meine Eltern, Trainer oder auch Lehrer, die mir geholfen haben, mich aufgebaut haben, Mut zugesprochen haben etc. Sie hatten allesamt einen positiven und effektiven Einfluss auf mich. Ich wusste es gab immer Personen die hinter mir stehen. Zudem hat mein christlicher Glaube, der sich mehr in letzter Zeit entwickelt hat, mir grundlegenden und zusätzlichen Halt gegeben."

Du hast auf deinem Weg sehr viele Wegbegleiter: Eltern, Freunde, Trainer, Vereins- und Nationaltrainer, Betreuer, Mediziner, Physiotherapeuten, Lehrer, Berater, usw. Kannst du etwas zu den Beziehungen zu diesen Wegbegleitern sagen?

„Beziehungen sind meiner Meinung nach überlebenswichtig. Jedoch hat man nicht zu jedem dieselbe Beziehung. Im Laufe der Zeit ist es auch öfters vorgekommen, dass sich die Beziehung zu Personen, die anfangs sehr nah waren, sich doch in die entgegengesetzte Richtung entwickelte. Genauso andersherum!"

Wen würdest du letztendlich maßgeblich als deinen Talentförderer bezeichnen?

„Im sportlichen Bereich Thomas Krücken, Marco Pezzaiuoli und Frank Schaefer und privat meine Eltern, meine Lehrerin und die Geschwister aus der Gemeinde."

Was würdest du heute einem 10-jährigen Jungen, der vom Fußballprofi träumt, mit auf den Weg geben, um das Ziel zu erreichen?

„Hartes Training, eiserne Disziplin aber auch die nötige Abwechslung um abschalten zu können. Zudem würde ich ihm sagen, dass Fußball dennoch nicht alles im Leben ist. Das unbedingte Streben zum Fußballprofi sollte nicht dazu führen, dass man wie bekloppt trainiert und dabei moralische Werte aus den Augen verloren gehen. Was man sät, das erntet man auch."

Nochmal kurz zu einem Thema, das sicherlich immer mehr auf dich zugekommen ist: der Umgang mit den Medien? Erfährst du eine besondere Schulung?

„In meinem Fall gab es jetzt noch kein richtiges Medientraining, ledig-
lich hat man dieses Thema kurz angerissen und ein paar grundlegende
Elemente erzählt bekommen."
Zum Abschluss, welche Ziele hast du dir noch gesteckt?

„Ich möchte langfristig gesehen ein gestandener Bundesligaprofi werden.
Möchte aber auch als Mensch und in meinem Glauben wachsen, um mal
für andere eine Hilfe, Unterstützung und Vorbild sein zu können."

Die Begegnungen mit Mario und Reinhold, auch Ray genannt, waren für uns immer sowohl mit viel Freude, Spaß, Natürlichkeit, als auch mit neuen Erkenntnissen, aber auch mit Bestätigungen unserer bisherigen Erfahrungen verbunden. Eine wahre Bereicherung. Wir danken euch beiden sehr herzlich! Mario und Ray stehen für zwei Beispiele, wie man auf unterschiedlichen Wegen zum gleichen Karriereziel gelangen kann, sicherlich ohne jeglichen Anspruch auf Verallgemeinerungen, trotzdem sehen wir bei beiden Wegen, Ansätze, die die Chance, das Ziel zu erlangen, ermöglichen.

Geschafft – haben es beide, der Traum vom Fußballprofi wurde wahr. Sie haben Erfolg. Aber was bedeutet das jetzt eigentlich? Das Ziel ist erreicht. Geht nun alles von alleine? Sind das große Geld, die Berühmtheit, der Erfolg nun Garanten für ein erfolgreiches Leben? Nein, im Gegenteil, nur ein Etappenziel ist erreicht worden. So sollten, so müssen es beide sehen. Das Spiel des Lebens fordert nun mehr denn je unsere beiden Jungprofis und alle, die sich in dieser Phase des Lebens befinden.

Ein Ausblick

Das Erreichen eines Ziels bedeutet neben der Erfüllung von Erwartungshaltungen, gleich ob sie von einem selbst oder von anderen aufgestellt wurden, zunächst die Bestätigung von eigenen Stärken, Fähigkeiten und Kompetenzen. Bei Mario Götze ist dies mit Sicherheit seine Unbeschwertheit. Sein Erfolgsfaktor war die Lockerheit und Fähigkeit, psychisch die Erwartungen und den Druck anzunehmen. Dies war ja auch in seinen Antworten zu spüren, dass er Fußball mit Freude und Genuss spielt. Das Aufkommen von Druck und Belastungsfaktoren hat er nicht zugelassen. Sein Naturell hat ihm sicherlich dabei viel geholfen. Ein wertvolles Geschenk, wenn man dies in die Wiege gelegt bekommen hat. Zu erlernen sein wird das nur, wenn überhaupt, durch mentales Training und durch ein stabiles Umfeld. Aber auch Ray hat es geschafft. Sein Erfolgsgarant ist seine starke Persönlichkeit, seine Klarheit in seinen Zielen, immer an Werten orientiert, beeindruckend sein Menschenbild in den jungen Jahren. Gekennzeichnet von Respekt, Hilfsbereitschaft und Disziplin. Beide lassen schon jetzt eine Lebenskompetenz im Bereich des Leistungsfußballs erkennen. Doch nun müssen sie den Kampf zur Erreichung der nächsten Ziele annehmen. Dies trifft auf alle zu, die nun ihre nächsten Ziele gesteckt haben und den Weg weiter erfolgreich fortsetzen möchten.

Wegbegleiter haben wir immer wieder in unseren Ausführungen kennengelernt, teilweise flüchtige, situativ einmalige, konstante Begegnungen mit Menschen, die den Weg mit wertvollen Anregungen mitgegangen sind. Doch aus allen Erfahrungsberichten können wir festhalten, dass einerseits Emotionalität in Form von Freude und Neugier zu den wichtigsten Begleitern gehört, andererseits auch Kommunikationsfähigkeit, die einen befähigt zu ei-

genen Entscheidungen, Wünsche oder Ziele zu formulieren, zu
argumentieren und kritisch zu reflektieren.

*„Dies geht nur über den Weg zu einer angemessenen Bildung, die aus
einer Wertevermittlung genauso besteht wie aus der Stärkung im Wissen
und Handeln um Kenntnisse und Fähigkeiten, die den jungen Menschen
in seiner Lebenskompetenz stärken. Das muss einhergehen mit der sportlichen Ausbildung zum Profi."* (aus: Vorwort Zwanziger)

Hier wird nochmal, unterstützt durch unsere Erkenntnisse, die
Bedeutung des Faktors Bildung im Zusammenhang mit der sportlichen Ausbildung zum Profi herausgestellt. In schulischen Lern-
prozessen wird, parallel zu den taktischen Spielbesprechungen
mit dem Trainer, selbständiges, individuelles und prozessorien-
tiertes Arbeiten gefordert und gefördert.

Dies entspricht nicht nur dem Auftrag von Schule heutzutage,
sondern auch dem ganzheitlichen Verständnis in der modernen
Fußballausbildung. An dieser Schnittstelle greift das Besondere in
der dualen Ausbildung, eben Bildung und Fußball im Einklang,
die Basis für einen erfolgreichen Karriereweg. Kooperative Lernformen im Unterricht wie Gruppenarbeit, Partnerarbeit usw. fördern selbstgesteuertes Arbeiten. Der Schüler muss lernen, mit den
anderen zu kommunizieren, selbst Vorgänge zu initiieren und zu
Entscheidungen zu kommen. Dieser Prozess muss schon in jungen
Jahren in Gang gesetzt und „trainiert" werden. Dies ist in NRW
erlassmäßig vorgeschrieben und wird als zentrale Aufgabe in der
Unterrichtsentwicklung postuliert. Wenn nun in Kooperation mit
einem Fußballverein diese Methode sowohl in der Schule als auch
im Verein anerkannt und umgesetzt wird, so erfährt der Schüler
eine optimale Ausbildung in den Kernkompetenzen zur Weiterentwicklung seiner Persönlichkeit, die letztendlich den besseren

Fußballer ausmacht. Ein Nachwuchstalent, das Kompetenzen hat, um seine Fähigkeiten z.B. zur Kommunikation, Kritik- und Entscheidungsfähigkeit in vernetzte Prozesse einzubringen, wird mit Sicherheit erfolgreich seinen Lebens- und Karriereweg gehen können.

Die Verantwortung für den Faktor „Mensch" erfährt eine herausragende Wertstellung. Dies ist die gemeinsame Philosophie des Deutschen Fußball-Bundes, der Bundesligavereine, der Schulen und aller, die den Auftrag zur Erziehung übernommen haben. Gleich in welcher Rolle, als Eltern, Pädagogen oder auch als Ausbilder, muss man durch sein Handeln der gesellschaftlichen Verpflichtung gegenüber der heranwachsenden Generation gerecht werden. Der Weg zum Profi wird uneingeschränkt in den Mittelpunkt der Zielorientierung gestellt. Diese Kompetenzen stärken den Fußballer in seinen mittel- und langfristigen Perspektiven und auch in seiner Lebenskompetenz nach der aktiven Zeit im Fußball. Gelingt dies, hat das Netzwerk funktioniert, besonders auch in der gesellschaftlichen Verantwortung.

Für Mario und Ray eine zutreffende Tatsache.

8   Ein Netzwerk arbeitet

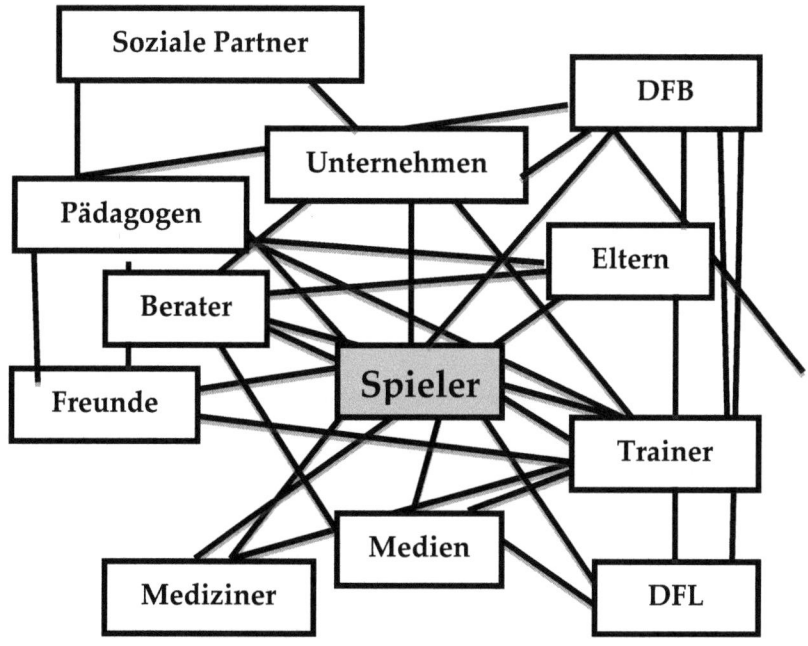

Abbildung. 5:   Netzwerk eines Top-Talents

In den voran gegangenen Kapiteln haben wir unsere Schilderungen über individuelle Wege, die einen talentierten Nachwuchsspieler zum Karriereziel Fußballprofi führen, an Situationen aus unserem Erfahrungsbereich geknüpft. Immer wieder sind uns im Alltag Menschen begegnet, die durch ihre Fach- und Lebenskompetenz diesen Weg erfolgreich unterstützt haben. Sie wurden zum Partner im Netzwerk des jeweiligen Talents. Folgend stellen wir die einzelnen Netzwerkpartner vor und beschreiben ihre Funktion und Rolle unter pragmatischen Gesichtspunkten.

Die Eltern

Die Schilderung einer Spielermutter:

„Den Frühstückstisch gedeckt, mit vielen Vitaminen angereichert, so wie eben an jedem Tag, nicht nur wochentags, sondern auch samstags, sonntags, der einzige Zeitpunkt, um mit unserem Sohn ins Gespräch zu kommen. Trotzdem der Blick auf die Uhr, die Schultasche, die Trainingstasche, das manchmal blasse und unausgeschlafene Gesicht unseres Kindes, einen tiefer gehenden Gesprächsaustausch morgens ließ die Zeit einfach nicht zu. Hast du alles? Sind die Hausaufgaben gemacht? Wie lange dauert das Training heute? Ist die Fahrt zum Meisterschaftsspiel organisiert? Gibt es Verletzte? Wann sehen wir uns heute Abend? So ging es immer zu. Dann einen flüchtigen Wangenkuss, wenn überhaupt, und für 14 Stunden übergab ich meinen Jungen in vielfache Hände, dem Lehrer, dem Hausaufgabenbetreuer, dem Nachhilfelehrer, dem Trainer, Co- Trainer, dem Betreuer, dem Physiotherapeuten, dem Busfahrer, ja, vielleicht hatte ich sogar noch Menschen vergessen, die vielmehr Zeit mit meinem Kind verbrachten als ich. Natürlich, seine Freunde, aber das waren eigentlich seine Fußballkameraden, denn für mehr fehlte die Zeit. Ich bin die Mutter, die nun eigentlich für alles und jedes in der Entwicklung der Kinder zuständig sein sollte. Wie schön, wenn man erleben kann, aus kleinen werden große Kinder. Zu spüren, welche Sorgen und Nöte sie haben, sich mit ihnen zu freuen. Viele Erlebnisse im Alltag mit ihm musste ich aufgeben, in dem Moment, wo der Wille meines Sohnes, Profi zu werden, Formen annahm, denen ich mich nicht widersetzen wollte

und konnte. Die Einladung zu Auswahlspielen, die Empfehlung, ins Schulprojekt einzutreten, die Eliteschule des Fußballs zu besuchen. Den Weg musste ich mir selbst erst einmal bewusst machen. Da mein Mann beruflich sehr eingespannt ist und lieber nur am Spielfeldrand Sonntagmorgen seinen Sohn anfeuert und natürlich seinen Weg uneingeschränkt unterstützt, bin ich diejenige, die sich mit Fragen quält: Ist das der richtige Weg? Was macht er eigentlich, wenn er nicht mehr Fußball spielen kann? Beschäftigt er sich genug mit der Schule? Ja, ich finde diese Frage entscheidend, ich weiß, es gibt Eltern mit denen kann ich nicht darüber reden, denn ihre Einstellung lautet, alles dafür zu tun, dass das Kind Profi wird. Auch, wenn es auf Kosten der Bildung geht. Diese Meinung teile ich keineswegs, ich halte sie für absolut gefährlich. Hier lass' ich mir auch nicht reinreden. Fußball ja, Profiziel, ja, aber nur in paralleler Ausbildung mit Schule. Auch soll aus meinem Jungen ein anständiger Kerl werden, der Manieren und Anstand gelernt hat, die Fußballersprache lernt er zwangsläufig, ist aber kein Maßstab für Gespräche im Lebensalltag. Genau das sollte er aber lernen, seinen Alltag ohne Fußball zu bewältigen. Die Angst, das System Fußball könne ihm schaden, beherrscht oft meine Gefühlswelt. Was kann ich also tun?"

Mit dieser Frage endete auf einem Elternabend der 14-15jährigen das Schlusswort einer Mutter, die – besorgt um ihr Kind – das frühe Einschlagen eines sportlich absolut leistungsorientierten Wegs angstvoll betrachtete. Gedanken, die berechtigt sind und mich und meinen Kollegen immer wieder vor neue Herausforderungen stellen. Einerseits haben wir Eltern kennengelernt, die durch den Blick auf das viele Geld, das der Profi verdienen kann, und im Hinblick auf seine Berühmtheit in der Öffentlichkeit die Konfrontation mit der Realität außer Acht lassen. Andererseits begegnen wir Eltern, die sich große Sorgen machen, dass ihr Sohn die schulische und berufliche Ausbildung vernachlässigt, was wiederum zu Unsicherheit beim jungen Menschen führen kann. Hier nun beginnt unsere Aufgabe, insbesondere meine, in der pädagogischen Beratung als Schulleiterin der Eliteschule des Fußballs und als Beraterin des Vereins. Was ist zu tun? Zunächst gilt es, beide Einstellungen seitens der Eltern ernsthaft zur Kenntnis zu nehmen und sich damit auseinander zu setzen.

Den Eltern müssen wir zunächst klar machen, dass der Traum vom Fußballprofi wunderschön ist und geträumt werden darf, dass aber in erster Linie vorerst das Augenmerk auf die schulische Bildung, auf die persönliche Entwicklung des Kindes gerichtet sein muss. Hier muss die Basis für den Erfolg gelegt werden. Uns begegnet immer wieder das Problem der elterlichen Einsicht, dass die Persönlichkeitsentwicklung zum Erfolg, Fußballprofi zu werden, entscheidend beiträgt. Sicherlich wissen wir auch, dass es Fußballer gibt, die allein mit ihrem Naturtalent zum erfolgreichen Profi geworden sind. Sofort muss aber die Frage sich anschließen, was kommt danach. Darauf gebe ich folgende Antwort, stellvertretend für zahlreiche Beispiele:

Letztes Jahr führte ich ein Erstgespräch mit einem aufzunehmenden Top-Talent für die Eliteschule des Fußballs, seinen Eltern und seinem Trainer, der selbst bekannter Fußballprofi war. In diesem Gespräch fragte der Trainer: *„Wenn du nicht Fußballspielen würdest, was würdest du dann machen, was hast du sonst für Fähigkeiten?"* Eltern und Sohn waren zunächst sprachlos. Daraufhin führte der Trainer seine Ansprache fort mit dem Hinweis: *„Ich öffne jetzt mal meine Adressenliste im Handy und zeige mal, wie viele von den Personen, die mit mir damals im Profigeschäft waren, derzeit arbeitslos sind und von Hartz IV leben."* Das Gespräch stockte. Die Eltern und auch der junge Spieler hatten mit diesem Gesprächsverlauf nicht gerechnet. Natürlich braucht man eine richtige Einstellung und Identifikation zum Fußball, um den harten Weg zum Profi zu beschreiten. Fußballspielen steht zwar im Mittelpunkt. Aber heutzutage hat sich eben das Blickfeld Fußball enorm erweitert. Aus unserer Sicht, Gott sei Dank, eine unabdingbare Folge gesellschaftlicher Verantwortung, die nicht nur Schule und Verein zu tragen haben, nein, eben in erster Linie die Erziehungsberechtigten, die Eltern. Nur ist es außerordentlich wichtig, wenn sie vom Verein entsprechende Beratung, auch Elternbegleitung genannt, erhalten. Die einen halt mehr und die anderen weniger. Um individuell im Bereich Persönlichkeitsentwicklung und schulische Ausbildung beraten zu können, muss man aus meiner Sicht nicht den Status Berater haben. Menschen, die täglich aus dem Inneren der Prozesse kommen, also den Weg zum Fußballprofi hautnah erleben, sind oft wesentlich erfolgreichere Berater als diejenigen, die damit nur ihren eigenen Status verbessern wollen und Macht- und Geld-Interessen verfolgen.

Ein aktuelles Beispiel aus einem vor kurzem veröffentlichten Zeitungsartikel, das auch die Trainerposition im Elterngespräch stärkt:

„Früher war alles besser", sagen Menschen, die vor dem Jetzt kapitulieren. *„Früher war alles besser"*, denkt sich auch Günter Breitzke fast jeden Morgen. Einst war er ein geachteter Mittelfeldspieler bei Borussia Dortmund. Er war zweikampfstark, wendig und ideenreich – einer, den die Gegenspieler fürchteten. Mittlerweile fürchtet er sich vor dem Leben, weil ihm die Ideen nach der Karriere fehlten. Die Kreativität, die ihn auf dem Platz auszeichnete, brachte er im echten Leben nie auf." [10]

---

10 Aus: Express online. Griepenkerl, Kai 19.01.2011: Gefangen im Hartz-IV-Alltag

Ein aktuelles Beispiel, das die Bedeutsamkeit unserer dokumentierten Erfahrungen belegt. Ja, es gibt aber auch Eltern, die von dieser Beratung nichts wissen wollen, ihren Sohn Fußballspielen lassen, ohne Beachtung der Schule, ihn diese ohne Abschluss beenden lassen und in den meisten Fällen zuschauen müssen, wie ihr Kind mit spätestens 19 Jahren nach der A Jugend ohne Schulabschluss, ohne einen Vertrag mit einem Fußballverein, mit wenig Selbstvertrauen, die leistungsorientierte Fußballkarriere beenden muss. Ein trauriger Lebensabschnitt, aber leider einer, der zu oft die Lebenswirklichkeit widerspiegelt. Deshalb haben wir immer die Methode der nahen, individuellen, aber auch gezielten Elternberatung gewählt, um Eltern stark zu machen, trotz der fußballerischen Ambitionen des Sohnes die erzieherischen Pflichten und Aufgaben wahrzunehmen. Johann Wolfgang von Goethe hat das sehr treffend formuliert: *"Zwei Dinge sollen Kinder von ihren Eltern bekommen: Wurzeln und Flügel."* (Johann Wolfgang von Goethe) Ich denke, wenn das erfüllt wird seitens der Sportlereltern, dann trifft auch zunehmend der Vergleich zu, *„Kinder und Uhren dürfen nicht beständig aufgezogen werden. Man muss sie auch Gehen lassen."* (Jean Paul)

Das „Gehen lassen" eines jungen Top-Talents ist mit Sicherheit genauso wichtig wie die Forderung nach elterlicher Begleitung. Wenn sich das Talent sportlich immer weiter in die Spitze arbeitet, bedeutet eines Tages das „Gehen lassen" auch das Leben im Sportinternat oder in einer Pflegefamilie. Eltern kann man nicht ersetzen, aber deren Aufgaben werden abgegeben an andere pädagogisch qualifizierte Personen. Die Infrastruktur, die kurzen Wege zwischen Trainingsstätte und Schule machen diesen Wechsel oft erforderlich.

Ein Interview mit einer Mutter, die ihren Sohn, einen hochtalentierten Fußballer, ins Sportinternat wechseln ließ, weil das Zuhause 60 km entfernt war, mag das verdeutlichen:

Sie sind die Mutter eines sehr erfolgreichen Jungnationalspielers. Erzählen Sie doch mal, wie das mit dem Fußballspielen angefangen hat:

Angefangen hat es damit: Er hat an einem Hallenturnier teilgenommen, *ein Scout hat ihn angesprochen, Anruf erfolgte dann zum Probetraining. Mein Sohn war ängstlich, da er vom Dorf kam. Er wechselte in der E1-Jugend zu einem Profiverein.*

Zu welchem Zeitpunkt kamen Ihnen die ersten Zweifel, ob er die hohen Anforderungen gut verkraften würde... Schule, Freunde, Leistungssport?

Der Wechsel zur Eliteschule war für uns fragwürdig, wegen der hohen Belastung. Er musste schon um 5 Uhr 30 aufstehen, ein 14 Stundentag als 13- bis 14jähriger! Da machen sich Eltern Gedanken, ob das der richtige Weg ist.

Was haben Sie als Mutter gedacht, als er in das Sportinternat wechselte?

Mit Sicherheit musste er Selbstständiger werden. Er war sehr familienangebunden und heute weiß ich, dass er sich nie richtig wohl gefühlt hat, weil ihm die Nähe zu seiner Familie fehlte.

Gab es auch mal Tage, wo ihr Sohn über die fehlende Freizeit klagte?

Manchmal zweifelte er selbst, ob der Weg richtig war. Seine Freunde, Freizeit und die Geburtstagsfeiern fehlten ihm. Allerdings führten seine sportlichen Erfolge wieder zu Motivation und stützen ihn.

Können Sie Entwicklungen im Umfeld Ihres Sohnes nennen, die Sie als äußerst hilfreich empfunden haben?

Ohne Beziehungen zu Menschen wäre er nicht da, wo er heute steht. Er ist auf besonders nette Menschen gestoßen und hat Glück gehabt. Er hat sehr viel Respekt gewonnen. Was Verein und Schule tun, ist einzigartig. Durch die Vernetzung kann er die Anforderungen besser bewältigen.

Wie beurteilen Sie die schulische Entwicklung unter den Bedingungen der hohen vielfältigen sportlichen Herausforderungen?

Der Wechsel zu ILS[11] ist die einzige Möglichkeit, bei den Profis mit zu trainieren und seine Karriere auf den Weg zu bringen. Denn dadurch findet Schule eingebettet in die Trainingszeiten statt.

Wenn Sie zurückblicken, was hätte man an welcher Stelle anders machen können?

Mit dem Sohn nach in den Nähe des Clubs ziehen, um ihn besser zu begleiten.

Vielen Dank für das Gespräch.

Es wäre vermessen anzunehmen, dass durch unsere Methode der Begleitung, Betreuung und Beratung der Weg zum Lizenzkader

---

11 ILS: Institut für Lernsysteme Hamburg (Fernschule)

immer erfolgreich geebnet wird. Eltern müssen mit Sicherheit lernen, die besondere Situation ihres Kindes zu berücksichtigen. Dies geschieht sehr individuell, den familiären Gegebenheiten angepasst. Trotzdem kann insgesamt festgehalten werden, dass die Methoden sowohl des Elterngesprächs als auch des Elternabends zu einer Möglichkeit führen, Elternberatung und -begleitung erfolgreich zu gestalten. Wichtig ist nur, dass man Elternarbeit bewusst in seinem Netzwerk verankert. Der Trainer kann nicht nach Trainingseinheiten oder Meisterschaftsspielen jeglichen Ängsten, Sorgen oder auch Ärgernissen seitens der Eltern als direkter Ansprechpartner zur Verfügung stehen. Jedoch sollten Eltern wichtige Konzepte des Vereins sowohl im sportlichen als auch im persönlichen Ausbildungsbereich kennen, um einerseits vereinsinterne Abläufe zu verstehen und andererseits Kommunikationsstrukturen zu erfahren, die auch den besonderen Stellenwert der Elternarbeit im Netzwerk betonen.

Methode	Einführung eines *Elternabends*. Entsprechend der Jahrgangseinteilung werden themenbezogene Elternabende organisiert, z.b. gesunde Ernährung, Erziehung und Werteorientierung, Suchtprävention und Doping oder auch mentale Stärke so wie Berater im Leistungsfußball etc.
Ziel	Die Elternschaft soll aktiv in die Vereinsarbeit mit einbezogen werden. Gleichzeitig soll durch die gemeinsamen Abende eine Kommunikation in Gang gesetzt werden, die eine erfolgreiche Arbeit aller wichtigen Netzwerkpartner ermöglicht und weiter entwickelt. Eltern müssen das Gefühl der Teilhabe daraus mitnehmen. Auch bildet es ein Forum des Austauschs über problemorientierte Anlässe, wie z.B. den Umgang mit Beratern. Hier liegt die große Chance für den Verein und das Talent eine ganzheitliche Beratung zu initiieren, die außer dem juristischen Part zunächst von vereinsinternen Menschen wie z.B. den Pädagogen durchgeführt werden kann.
Erkenntnis	Unsere Erkenntnis zeigt, dass das aktive Einbeziehen der Eltern einerseits in Form des Bewusstmachens ihrer Verantwortung in der ganzheitlichen Entwicklung des Kindes als auch durch aktive Angebote den Weg mit den Netzwerkpartnern gemeinsam zu gehen, dem jungen Menschen in seiner Entwicklung zu Gute kommt. Viele Eltern nimmt man auf diesem Wege mit, letztendlich suchen aber auch Eltern eigene Wege mit ihren individuellen Beratern an der Seite.

Methode	Die Einführung eines *Standortsgesprächs* (Eltern, Trainer, Schulvertreter, Sportlicher Leiter, Leiter Leistungszentrum, Spieler)
Ziel	Ganzheitliche Betrachtung der Entwicklung des Top-Talents zu einem bestimmten Zeitpunkt unter sportlichen als persönlich-schulischen Aspekten. Nach Aufzeigen von Stärken und Schwächen durch die einzelnen Gesprächspartner endet der Austausch mit Zielvereinbarungen für das nächste Treffen, das meistens im halbjährlichen Abstand geführt wird.
Erkenntnis	Unsere Erfahrung aus solchen Gesprächen ist, dass es große Übereinstimmungen in der Erfolgskurve sowohl in der sportlichen als auch in der schulischen Entwicklung gibt. Auf den Punkt gebracht bedeutet dies, ruft der Spieler im Moment eine Topleistung im Sport ab, steigt gleichzeitig auch die Leistungskurve in der Schule an. Sitzt er auf der Reservebank, zieht das seine schulischen Leistungen eher in den Keller.

Im folgenden Protokoll zeigen wir den Gesprächsverlauf eines halbjährlich stattfindenden Standortgespräches mit einem U17-Spieler auf. Er wohnt im Sportinternat und ist DFB-Auswahlspieler und besucht die 10. Klasse der Eliteschule des Fußballs.

Beispiel für ein Standortgespräch

Protokoll

Teilnehmer: Leiter Leistungszentrum
               Spieler
               Eltern
               Trainer
               Schulvertreter

Datum: Februar 2011

Ort: Besprechungsraum Leistungszentrum

Leiter LZ: Herzlich Willkommen zu unserem heutigen Stand-
               ortgespräch. Wir freuen uns heute mit Ihnen über
               die schulische, sportliche und persönliche Situation
               von Tim zu sprechen und geben zunächst eine
               Rückmeldung über die schulische Situation.

Schulvertreter: Es freut mich, dass wir hier in der Runde zusam-
               men sitzen und über die Fortsetzung der Schul-
               laufbahn von Tim sprechen können. Wir möchten
               eine individuelle Lösung für den weiteren Weg
               nach dem Mittleren Bildungsabschluss abstimmen.
               Tim du weißt, dass die Noten soweit ok sind. In
               den Hauptfächern schwanken sie zwischen 2 und
               4, wobei wir in Englisch über eine weitere Unter-
               stützung nachdenken müssen, damit die gymnasia-
               le Qualifikation nicht gefährdet ist. Mit deinen Leis-
               tungen insgesamt sind wir zufrieden. Vor zwei Jah-
               ren bist du mit erheblich schlechteren Noten zu uns

gekommen. Von deinen Hauptfachlehrern höre ich allerdings, dass du immer nur das erforderliche Minimum erledigst. Ich fände es gut, wenn du jetzt selbst etwas über deine eigene Einschätzung und deine weiteren Vorstellungen sagst.

Tim: Ja, das stimmt. Ich bin eigentlich zufrieden. Ich weiß, dass ich mich in Englisch sehr anstrengen muss, aber ich hatte in letzter Zeit viele Auswahlmaßnahmen und war selten dar. Die Fehlzeiten habe ich in der Hausaufgabenbetreuung gerade aufgeholt. Ich würde gerne Schule weiter machen, aber auch damit ich die Möglichkeit habe meinen Weg zum Fußballprofi optimal zu nutzen. Oder gibt es andere Möglichkeiten für mich?

Schulvertreter: Da hast du schon recht. Optimal wäre die Fortsetzung der Schule auf einem Berufskolleg und dort das Fachabitur zu erreichen. Dort hast du die Möglichkeiten durch eine Schulzeitstreckung die Belastung zwischen schule und Fußball zu steuern. Du hast weniger Wochenstunden, kannst öfters trainieren, musst eben dann erst in drei Jahren deinen Abschluss machen. Denkbar wäre auch die Möglichkeit in eine Ausbildung zu gehen. Dafür arbeiten wir mit Unternehmen zusammen, die auf die Trainingszeiten Rücksicht nehmen können.

Tim: Ich würde doch gerne Fachabitur machen, damit ich eventuell später studieren könnte. Ich weiß, dass die Möglichkeiten der Unterstützung durch die Eliteschule für den Fußball auch für den Abschluss Fachabitur gegeben sind.

Eltern: Das würden wir auch begrüßen. Wir möchten auch, dass Tim die Schule weite fortsetzt.

Leiter LZ: Vielen Dank. Dann wollen wir jetzt mal die Einschätzung des Trainers über die sportliche Situation hören.

Trainer: Ich freue mich, dass ich eine doch so positive Rückmeldung aus der Schule hören konnte. Wobei ich direkt sagen muss, dass ich da auch einige Dinge herausgehört habe, die ich auch auf deine Spiele übertragen kann. Die letzten Spiele waren wir sehr erfolgreich. Zumindest konnten wir unsere Spiele gewinnen und du hast auch deinen Anteil daran. Du weißt, dass das jedoch nicht unser Anspruch ist. Um den Sprung in die U19 und später in den Lizenzbereich schaffen zu können, gehört noch mehr dazu. Über deine Probleme in der Umschaltbewegung haben wir ja schon häufiger gesprochen. Ich habe den Eindruck, dass du auch hier immer nur den minimalen Aufwand betreibst und auf meine Kritik und Hinweise öfters nur widerwillig reagierst. Du bist Nationalspieler und wirst daher an höheren Ansprüchen gemessen. Immer, wenn du von einem Lehrgang zurückkommst, lässt deine Einstellung nach.

Schulvertreter: Ja, das finde ich interessant. In der Besprechung mit den Fachkollegen, war schon die Tendenz herauszuhören, dass du im Bereich der Kritikfähigkeit dazu lernen muss. Das scheint sich ja auch im Fußball widerzuspiegeln. Immer dann, wenn dir Fehlverhalten oder das Einhalten von Regeln vorgeworfen wird, fängst du an zu motzen. Dir fällt es schwer, Kritik an deinem Verhalten ohne Widerworte anzunehmen, zu akzeptieren. Anscheinend ist das ein Problem, dass sich in verschiedenen Bereichen zeigt. Deshalb sollten wir gemeinsam überlegen, wie wir dich in diesem Problem unterstützen können. Wie sehen sie das denn als Eltern? Hatte ihr Sohn immer schon die Tendenz schnell motzig zu werden?

Eltern: Das kennen wir überhaupt nicht. Wir haben ja nicht mehr so viel Einblick, seit dem Tim im Sportinternat wohnt.

Internat: Nun ja, als Tim zu uns kam, haben wir schon festgestellt, dass er gerne in Diskussionen eingestiegen ist. Es ist jedoch nicht so, dass es ein großes Problem ist. Er ist ja in einem Alter, wo er sich auch mal renitent zeigen kann. Das braucht er auch, um sich in seiner Persönlichkeit weiter zu entwickeln.

Schulvertreter: Das sehe ich genauso. Dadurch lernt er Grenzen kennen, die wir ihm klar setzen. Manche Maßnahme hast du ja auch schon kennen gelernt. Eine Woche konntest du nicht am Frühtraining teilnehmen und musstest in der Schule lernen.

Leiter LZ: Wenn ich noch einmal zusammenfassen kann: Wir haben positive Aussagen aus der Schule gehört und sitzen ja zusammen, um deine Weiterentwicklung zu unterstützen und gemeinsam Ziele festzusetzen für die kommenden Monate. Es ist schon interessant fest zu stellen, dass dein Verhalten sowohl in der Schule als auch im Fußball viele Übereinstimmungen zeigt – im Positiven wie Negativen. Ich denke wir können zwei Schwerpunkte heute festhalten, die sowohl im sportlichen wie im schulischen Bereich gleichermaßen gelten. Deine zu geringe Leistungsbereitschaft und deine mangelnde Kritikfähigkeit. Vielleicht hilft es dir, wenn dein Trainer, die Lehrer oder die Pädagogen im Sportinternat dir sofort eine Rückmeldung geben und konsequent handeln. Das macht aber nur Sinn, wenn die Bereitschaft von dir selbst kommt.

Tim: Das finde ich gut. Manchmal ist mir das gar nicht bewusst.

Leiter LZ: Ich denke, wir haben heute viel besprochen und dir ist einiges klar geworden, du hast große Stärken, die werden wir auch weiterhin ausbauen, aber es sind auch Schwächen aufgedeckt worden, an denen es nun heißt weiter zu arbeiten. Das werden wir gemeinsam machen und dich weiter begleiten, auf deinem Weg zum großen Ziel unterstützen. Wichtig sind allerdings deine Einsicht und deine Mithilfe. Sie sind Voraussetzung dafür, dass unsere Maßnahmen erfolgreich sind.

Vielen Dank.

Die Freunde

Die Freunde eines jungen Nachwuchs Top-Talents im Fußball kommen eigentlich aus seinem direkten sportlichen Umfeld. Tritt es als Kind mit zehn oder elf Jahren in einen Verein ein, so sind die Freunde aus der Nachbarschaft, der Schule, aus dem Freundeskreis der Familie. Freunde sind dann in erster Linie die Spielgefährten, die Kinder mit denen man die freie Zeit verbringt. Ja, genau diese freie Zeit verringert sich mit der Entscheidung in einen Verein einzutreten. Vielleicht geht noch der beste Spielkamerad mit, wenn dann aber Schule, Training, Spiele und die Turniere am Wochenende die Zeit bestimmen, trennen sich oft Wege, dafür beginnen aber wiederum neue Freundschaften. Sie bilden sich meistens aus der Mannschaft heraus durch gemeinsame Fahrten, Übernachtungen auf einem Zimmer, Aktivitäten mit der Mannschaft außerhalb des Spiels. Waren einst die berühmten Geburtstagsfeiern mit 10 oder 11 Jahren mit großer Freude und Spannung geplant worden, so fängt es schnell an ein Zeitproblem zu erkennen, wie man alles miteinander verbinden kann. Die Wochenenden sind in erster Linie durch den Sport besetzt. Das schulische Lernen in diesem Alter verändert sich gravierend durch den Schulformwechsel von der Grundschule zur weiterführenden Schule. Dies ist für Eltern und Kinder schon eine Herausforderung. Dabei bleibt die Freundschaft jedoch ein wichtiger Begleiter in dieser Lebensphase. Aber das Spielen ungeplant und spontan, die geliebte Geburtstagsfeier, das Übernachten beim Freund, all das reduziert sich durch ein zeitintensives Hobby wie das des Fußballspielens, aber es ist gewollt!

Eine Freundschaft ändert sich, wenn das Talent zum Fußallspielen von zwei Jungen unterschiedlich ausgeprägt ist, so dass es bei dem einen ein Hobby bleibt und bei dem anderen ein Leis-

tungsweg eingeschlagen wird. Mit 13 Jahren ist nun laut unseren
Erkenntnissen dies deutlich festzustellen. Somit gehen dann beide
unterschiedliche Wege. Der eine kehrt zurück in den normalen
jugendlichen Alltag und der andere begibt sich auf den Weg des
Leistungsfußballs. Was bedeutet das für eine Freundschaft?
Freundschaften außerhalb des Sports zu pflegen ist dann schwierig, rein aus Zeitproblemen. Man bedient sich zwar der modernen
Kommunikationsmitteln, des Chattens, des Simsens, über Facebook und so weiter. Leider bleibt vieles in der Beziehung ober-
flächlich, verliert sich in alltäglichen Dingen. Doch es entstehen
auch innerhalb des Mannschaftsgefüges neue Freundschaften. Der
Freund ist also der Mannschaftskamerad. Eine Chance, aber auch
eine Gefahr, bestehend einerseits aus Rückhalt und Vertrauen,
andererseits aus Enttäuschungen und Konflikten. Warum? Dies ist
nur aus unserer Nähe zu den jungen Spielern zu beantworten.
Eine wertvolle Erkenntnis liegt darin, dass sich mit zunehmender
Talententwicklung auch ein Konkurrenzkampf entfacht, der Beziehungen untereinander gefährdet. Ein junger Lizenzspieler erzählte mir zurückblickend sehr feinfühlig folgende Geschichte
über eine Freundschaft:

*Als ich 14 Jahre alt war hatte ich einen Freund aus meiner Mannschaft,
das war wichtig, denn meine Freunde aus meiner Schule und Nachbarschaft gingen andere Wege und dies bedeutete immer, das man sich von-
einander entfernte, der Freundeskreis änderte sich auch durch unterschiedliche Freizeitgestaltungen, eben diese hatte ich gar nicht. Somit
begann eine Freundschaft mit einem Kumpel, der den gleichen Heimweg
hatte, auf meiner Schule war, auch fuhren wir gemeinsam zur Nationalmannschaft. Wir waren beide Abwehrspieler. Freundschaft, ja was zeich-
nete diese Freundschaft aus? Was bedeutet es eigentlich jemanden als
Freund zu bezeichnen? Ich hatte als Kind von meinen Eltern und Leh-*

rern gelernt, Freunde sind im ganzen Leben wichtig, zum Spielen, zum Verabreden, zum Reden, um soziales Verhalten zu erlernen usw. Und nun in einer Fußballerfreundschaft? Anders, anders als mein Freund von nebenan. Wir haben zunächst viel über den Trainer, das Training, die Schule, die Lehrer uns aussprechen können. Natürlich auch, über Mädchen, wir hatten schon ein Ansehen bei ihnen, z.B. in der Schule oder im Verein. Es waren unsere Fans teilweise, sie standen sonntags schön aufgemacht am Rasenrand und stellten sich zur Show, fanden wir ja auch gut, hat uns immer größer werden lassen. Zeit für Unternehmungen war kaum da, oft mussten wir Einladungen absagen, gerade samstags und sonntags ging es schlecht. So waren wir froh, dass wir gemeinsame Kinobesuche oder einfach Playstation spielen auf unser Programm nehmen konnten. Irgendwann bemerkte ich, dass unsere Freundschaft sich änderte, nicht zunächst in den Unternehmungen oder in der Schule, nein irgendwie in der Ansprache im Umgang miteinander, nicht von mir gewollt, sondern provoziert von meinem Freund. Ich glaube es begann im Training. Natürlich haben wir vom Trainer sowohl im Verein als auch in der Nationalmannschaft immer wieder die Ansage erhalten wir müssten uns als Konkurrenten sehen, unseren Platz in der Mannschaft behaupten, es steht nicht der Freund auf dem Fußballplatz. Mit Ellenbogen, aggressiv und leidenschaftlich muss man sich auf seinen Platz boxen, will man Matchwinner sein. Das wollte ja nun mal jeder von uns. Ich hatte ein Problem damit. Meinen Freund auf dem Rasen umsäbeln, angreifen, immer wieder der Wunsch besser zu sein als er. Ich hatte mit dem Verhalten zu kämpfen. Dann eines Tages wurde das wahr, was ich nicht wollte und mir eigentlich nicht vorstellen konnte. Auch außerhalb des Trainings und Spiels rempelte mich mein Freund mit Sprüchen an, die unsere Freundschaft in einen bitteren Konkurrenzkampf verwandelte. Auf dem Weg z.B. zur Bahn sagte er plötzlich, „merkst du, wer die Nummer eins ist, dir zeige ich, wer das ist, darauf freue ich mich jetzt schon." Was war das für eine Ansage? Ich war sehr enttäuscht. Gott sei

Dank hatte ich das Glück in meiner ehemaligen Schulleiterin eine Ver-
trauensperson, die mir in dieser Sache zuhörte und mit mir darüber
sprach. Musste der harte Wettbewerb Freundschaften kosten oder war es
eine personenabhängige Tatsache? Freund und Konkurrent zu sein,
schließt sich das aus? Wir sprachen nicht mehr viel miteinander, der
Kampf auf dem Platz, um den Platz in der Mannschaft wurde zu einem
erbitterten Zweikampf, den mein Freund im ersten Schritt gewonnen
hatte. Er war die Nummer eins schneller geworden als ich. Ich jedoch
wurde vom Trainer als Mannschaftsführer ernannt, eben aufgrund mei-
ner Persönlichkeit, meiner Kommunikationsfähigkeit, meinem sozialen
Verhalten, so wie er sagte. Das hat mich stolz gemacht. Heute fünf Jahre
später spielen wir nicht mehr in einer Mannschaft, er wurde ausgeliehen
an einen anderen Verein, blieb dann letztendlich dort. Ich bin immer noch
in meinem Verein, habe aber an meiner Aggressivität auf dem Platz ar-
beiten müssen und den Durchbruch geschafft und bin immer noch
Mannschaftsführer, inzwischen der zweiten Mannschaft.

Wie ich finde, eine sehr einfühlsam beschriebene Situation um das
Thema Freundschaft. Die Schulleiterin mit der er sprach, war ich,
ja ich erinnere mich sehr gut daran. Genau so weiß ich aber auch,
dass wir bis zum heutigen Tage das Thema „Freundschaft", besser
gesagt, Thema Freundinnen, immer mal wieder ansprechen. Die
Problematik wird ja in einem der folgenden Kapitel aufgezeigt.
Trotzdem ist es aber auch wichtig, Freundschaften außerhalb der
Fußballerwelt zu pflegen, gewiss ist die fehlende Zeit oft ein Stör-
faktor, aber wo ein Wille, da ein Weg. Und auch die Tiefe und Vertrautheit zweier junger Menschen ist nicht allein von Zeit abhän-
gig. Die Möglichkeit, Gespräche zu führen, die man mit den eigenen Kumpels eben nicht führt, Sichtweisen von außen auf ein
Thema oder Problem zu erhalten sind genauso wichtig wie der
Austausch über Alltägliches, was nicht dem Fußball zuzuordnen

ist. Der reale Blick in und auf das Leben darf nicht verloren gehen. Dies ist eine wichtige Erfahrung um nach der Fußballkarriere ohne größere Probleme in den Alltag einzusteigen. Die Sinnhaftigkeit einer Freundschaftsbeziehung muss mit zunehmendem Alter an Bedeutung gewinnen, auch, oder gerade, weil man ein Fußballer ist. Hier ist die Methode einfach zu beschreiben, Dasein und Zuhören sind die geforderten Verhaltensweisen. Ratschläge zu geben wird mit zunehmendem Alter der Talente schwierig, sie sollten und müssen eigene Erfahrungen machen, auch Konsequenzen ihres speziellen Lebenswegs spüren und lernen zu akzeptieren. Jedoch sollte es unsere Aufgabe als Wegbegleiter bzw. als Partner im Netzwerk um den jungen Menschen sein, gesprächsoffen und begleitend zu handeln, Denkanstöße zu geben, zum Nachdenken anzuregen und immer alternativ und weitblickend zu denken. Entscheidungen, richtungsweisende Entscheidungen in seinen Lebenslinien, müssen dann aber mit allen Begleiterscheinungen vom jungen Top-Talent selbst getroffen werden. Dies ist ein besonders wichtiger Aspekt in der Reifung der Persönlichkeit. Wir werden ihm in unseren weiteren Ausführungen immer wieder begegnen.

"Lehren heißt, ein Feuer entfachen, und nicht, einen leeren Eimer füllen." (Heraklit)

Die Trainer

Im Leben eines jungen Fußballers ist der Trainer die entscheidende Person in einem immer größer werdenden Netzwerk. Auf die Frage, ob der Spieler seine Schule oder Ausbildung sofort beenden würde, wenn der Trainer dies wünscht, antworteten 50 Prozent uneingeschränkt mit ja. Die Einflussnahme und die Möglichkeiten der Trainer werden somit ebenso in anderen wichtigen Lebensentscheidungen eine gewichtige Rolle spielen. Somit sind der Trainer, auch wenn zunehmend diese Rolle von Beratern eingenommen wird, und sein Vertrauensverhältnis zum Spieler ein entscheidender Schlüssel für den Erfolg. Das Rollenverständnis des Mannschaftstrainers hat sich jedoch durch die zunehmende Spezialisierung gewandelt. Er führt ein Team von Spezialisten an und ist für die Verteilung der Ressource Trainingszeit verantwortlich. Diese Trainingszeit ist innerhalb von 10 Jahren durch die Kooperation mit Schulen und die Einführung der Leistungszentren von durchschnittlich 6 Stunden pro Woche auf heute bis zu 10,5 Stunden angewachsen. Dennoch bleibt sie ein knappes und fest verplantes Gut. Der Anteil an individueller Förderung wächst. Zwei Einheiten am Vormittag dienen dem Stärken- und Schwächen-Training, der individuellen technischen Ausbildung unter besonderer Berücksichtigung der Positionstechniken. Der Koordinator der Eliteschule ist für die Festlegung der Inhalte und Abstimmung mit dem Mannschaftstrainer verantwortlich. Die körperliche Ausbildung ist für den heutigen Spitzenfußball eine zwingende Voraussetzung für eine Teilnahme am Wettbewerb. Die Handlungsschnelligkeit, die Kraft, die Wendigkeit und die Dynamik bestimmen die Einsatzmöglichkeiten. In der Ausbildung erfolgt dazu ein Training mit Spezialisten. Ein Athletiktrainer bildet die Grundlagen für die Schnelligkeit und die richtige Lauftechnik aus. Häufig haben diese Trainer Erfahrungen aus der Leichtathletik in einer individuellen Förderung. Körperstabilisation und Koordination ist ein weiterer Schwerpunkt. Hier ist ebenfalls häufig ein Spezialist im Einsatz. Ohne Körperstabilisation können alle anderen Fähigkeiten erst gar nicht ausgebildet werden. Um hier Lernfortschritte erzielen zu können sind natürlich Trainingsumfänge und Intensitäten erforderlich, die der Techniktrainer gerne für sich genutzt hätte. Nur mit hohen Wiederholungszahlen erreicht man die notwendige Präzision. Immer und immer wieder werden Basis- und spezielle Positionstechniken geübt, wiederholt und gedrillt. Der Mannschaftstrainer bildet häufig die taktischen und technischen Fertigkeiten aus. Er feilt mit Unterstützung seines Co-Trainers an den Automatismen, sorgt dafür, dass auf dem Platz ein Rädchen ins andere greifen und die Mannschaft eine hohe taktische Variabilität erreichen kann. Der sportliche Leiter überprüft die Leistungsentwicklung, erstellt die nächsten Ziele mit dem Trainer, stellt den Austausch zwischen den Trainern und insbesondere mit dem Chef-Trainer im Verein sicher. Er beschäftigt sich mit der Zusammensetzung des Kaders für die neue Spielzeit und überwacht die Umsetzung der jeweiligen Trainings- und Spielauffassung im Verein. Die gute Entwicklung eines Spielers weckt natürlich weiteres Interesse. In der Verbandsauswahl kann er sich für noch höhere Aufgaben empfehlen. Manchmal hat sein Auswahltrainer jedoch einen anderen Plan und eine andere Position für den Spieler. Schafft er es, in den Auswahlmaßnahmen der Verbände auch die Trainer und Scouts des DFB zu überzeugen, bekommt er einen weiteren, neuen Trainer hinzu. Der Nationaltrainer nimmt nach der Auffassung des DFB tiefgreifende Einflüsse auf die persönliche und sportliche Entwicklung. Der Ausbildungsanspruch ist hoch. Matthias Sammer, Sportdirektor des DFB, hat in seinem Leitfaden für die Deutschen Junioren-Nationalmannschaften „Die Seele des Spiels" eine klare Vorgabe für die Ziele und den Umgang mit den jungen Spielern gegeben. *„Unser Leitfaden ist eine Orientierung auf diesem zugegeben anspruchsvollen, komplexen und langen Weg. Das ist jetzt der erste Schritt. Unsere DFB-U-Trainer werden im Dialog mit den Spielern diesen Prozess weiterführen."* (Sammer 2009)

Für die Umsetzung des Konzeptes und den Ausbildungsanspruch benötigt man Zeit. Ein Juniorennationalspieler fehlt ca. 60 von 200 Schultagen im Jahr in seiner Schule und im Training des

Vereins. Das Gerangel um die Trainingszeit wird nun immens. Die Koordination der Trainings- und Spielbelastung und das richtige Setzen der Entwicklungs- und Ausbildungsziele werden zu einem erfolgsbestimmenden Faktor, der nur durch eine verbindliche Kommunikationsstruktur sichergestellt werden kann. Durch die Einsätze in der Nationalmannschaft, mögliche Erfolge bei Europa- und Weltmeisterschaften, eröffnen sich häufig weitere Chancen für den Spieler. Der Chef-Trainer beruft ihn ins Training der Lizenzmannschaft und übernimmt Verantwortung für seine Ausbildung und Entwicklung. Für den Spieleinsatz im rauen Bundesligageschäft reicht es für den A-Jugendspieler vielleicht noch nicht, aber in der 2. Mannschaft wird er auf den Einsatz im Seniorenfußball im Spiel gegen erfahrene und „abgezockte" Fußballer weiter vorbereitet. Um eine bestmögliche Steuerung zu gewährleisten, muss der Mannschaftstrainer jede Menge Informationen über seinen Spieler abrufen und die richtigen Entscheidungen treffen. Manchmal gegen seinen persönlichen Erfolg, da der Spieler dringend eine Pause benötigt, wenn das nächste Spiel ansteht, welches bekanntlich immer das Wichtigste ist. Diesen Interessenskonflikt muss der Trainer aushalten und benötigt dazu auch die Unterstützung seines Vereins, Mannschaftserfolge richtig einzuschätzen und gegenüber der Öffentlichkeit zu vertreten. Der Mannschaftstrainer hat ein umfangreiches Team von Spezialisten sowie die Trainerkollegen im Verein und beim DFB in seinem Netzwerk zu berücksichtigen. Daraus ergibt sich ein Anforderungsprofil für seine Aufgaben. Die Trainerausbildung in Deutschland gehört zu den besten und erfolgreichsten in der Welt. Im Fußball-Lehrer-Lehrgang an der Deutschen Sporthochschule Köln werden jährlich die besten 30 über 8 Monate ausgebildet und auf die Aufgaben als Bundesligatrainer vorbereitet. Voraussetzung für alle, ist das Absolvieren der C-, B,- und schließlich A-Lizenz. Ein langer Ausbildungsprozess. Die Leistungszentren können somit auf viele gut ausgebildete Trainer zurückgreifen. Voraussetzung ist jedoch die Erstellung eines Trainerprofils für die Ausbildung. Es wurde deutlich, dass insbesondere die kommunikativen Fähigkeiten eine entscheidende Rolle spielen. Der Trainer steuert und kontrolliert das Netzwerk. Als Vorbild muss der Trainer die Entwicklung der Spieler über seine persönliche Karriere stellen können. Er muss in der Lage sein, Vertrauen zu schaffen und Begeisterung zu wecken. Alle Eigenschaften, die er sich von seinen Spielern wünscht muss er täglich vorleben. Für den DFB ist dies die Seele des Spiels und für die Leistungszentren die jeweilige Clubphilosophie. Niemand kann sie so nah an den Spieler herantragen wie der Trainer. Daraus ergibt sich eine weitere Voraussetzung für den Erfolg. Die Kontinuität. Sie schafft Vertrauen in die Entscheidungsträger. Sie schafft Berechenbarkeit und Verlässlichkeit und demonstriert innere Stärke. Somit kann überhaupt erst eine Identifikation geschaffen werden. Sie orientiert sich immer an den Menschen. Sie bilden den Nährboden für die Talente. Natürlich haben diese Voraussetzungen nur Bestand, wenn auch die Aufgaben so erfüllt werden. Es sollen keine Komfortzonen geschaffen werden. Anforderungsprofile müssen auch kontinuierlich erfüllt werden. Die Trainer müssen sich immer bewusst sein, welchen großen Einfluss sie besitzen und aus dieser Verantwortung heraus für den Spieler handeln und Entscheidungen treffen.

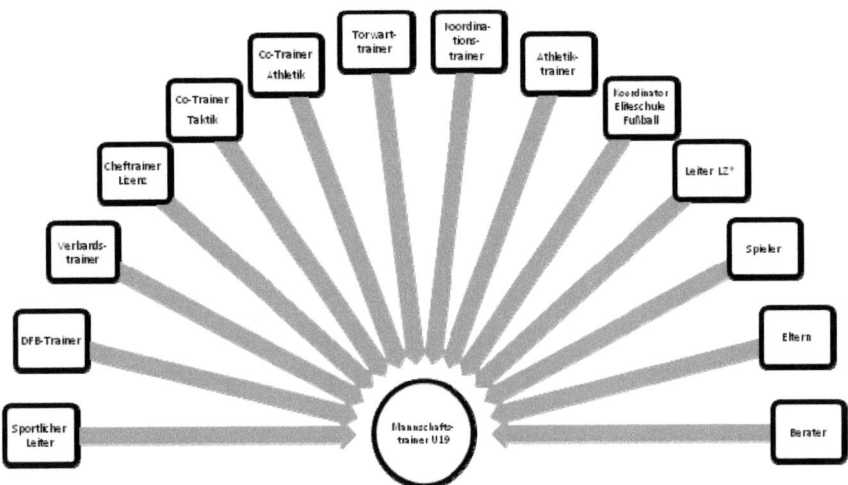

* Leistungszentrum

Abbildung 6:   Informationsaufnahme für einen U19-Bundesligatrainer

Der Spieler

Das Objekt der Begierde ist der Spieler. Er wiederum kann durch sein Verhalten und den Umgang mit seinen Netzwerkpartnern die Nähe und die Distanz und damit auch die Einflussnahme bestimmen. Dies erfordert in höchstem Maße eine Selbstbestimmung, Urteils- und Kritikfähigkeit. Ein U17-Nationalspieler beschreibt die Nähe und die Distanz zu seinen Bezugspersonen in einem Gespräch mit uns.

„Meine wichtigsten Bezugspersonen sind meine Eltern und mein Berater. Sie geben mir die wichtigsten Rückmeldungen, die ich für meine Weiterentwicklung benötige. Für meine Freunde außerhalb des Fußballs habe ich wenig Zeit, aber sie sind mir sehr wichtig und ich nutze die wenigen Möglichkeiten, um mich mit Ihnen zu treffen. Für die Schule arbei-

te ich sehr eng mit dem Koordinator für die Hausaufgabenbetreuung und der Pädagogin im Verein zusammen. Sie helfen mir die knappe Zeit gut zu managen und meine schulischen Aufgaben zu bewältigen. Mein Individualtrainer (Anm. der Autoren: Torwarttrainer) ist mein engster Vertrauter im Trainerteam. Mit ihm arbeite ich an meinen persönlichen Stärken und Schwächen. Die anderen Trainer sind wichtig für meine Ausbildung, aber haben für mich nicht die entscheidende Bedeutung. Den Chef-Trainer im Verein möchte ich schon kennen. Er wird bald der entscheidende Trainer sein. Wenn er mich aufstellt, dann kann ich meinen Traum erfüllen. Lange soll es nicht mehr dauern. Ich bin noch jung, aber habe große Ziele. Mit Ärzten, Sponsoren und Medien beschäftige ich mich nicht. Noch nicht. Mir ist klar, dass sie in Zukunft eine große Bedeutung einnehmen können."

Aus der Beschreibung werden verschiedene Aspekte deutlich. Die Nähe des Beraters ist von entscheidender Bedeutung. Ihm wird ein großes Vertrauen entgegengebracht. Der Spieler äußert eine relativ unabhängige Position gegenüber den Mannschafts- und Auswahltrainern. Die persönliche Betreuung durch einen Individualtrainer ist ihm jedoch sehr wichtig. In Zukunft werden die Sponsoren und die Medien näher an ihn heranrücken. Auch dies hat er bereits in seine Überlegungen aufgenommen. Die Mediziner wünscht er sich weit weg. Sie haben nur eine temporäre Bedeutung. Wenn sie dann allerdings benötigt werden, sind sie häufig die einzigen und wichtigsten Netzwerkpartner auf dem Weg zum Karriereziel Profi. Auch in diesem Alter sind die Eltern immer noch die wichtigsten Wegbegleiter. Sie gewinnen sogar noch an Bedeutung, wenn wichtige Lebensfragen und Vertragsentscheidungen getroffen werden müssen.

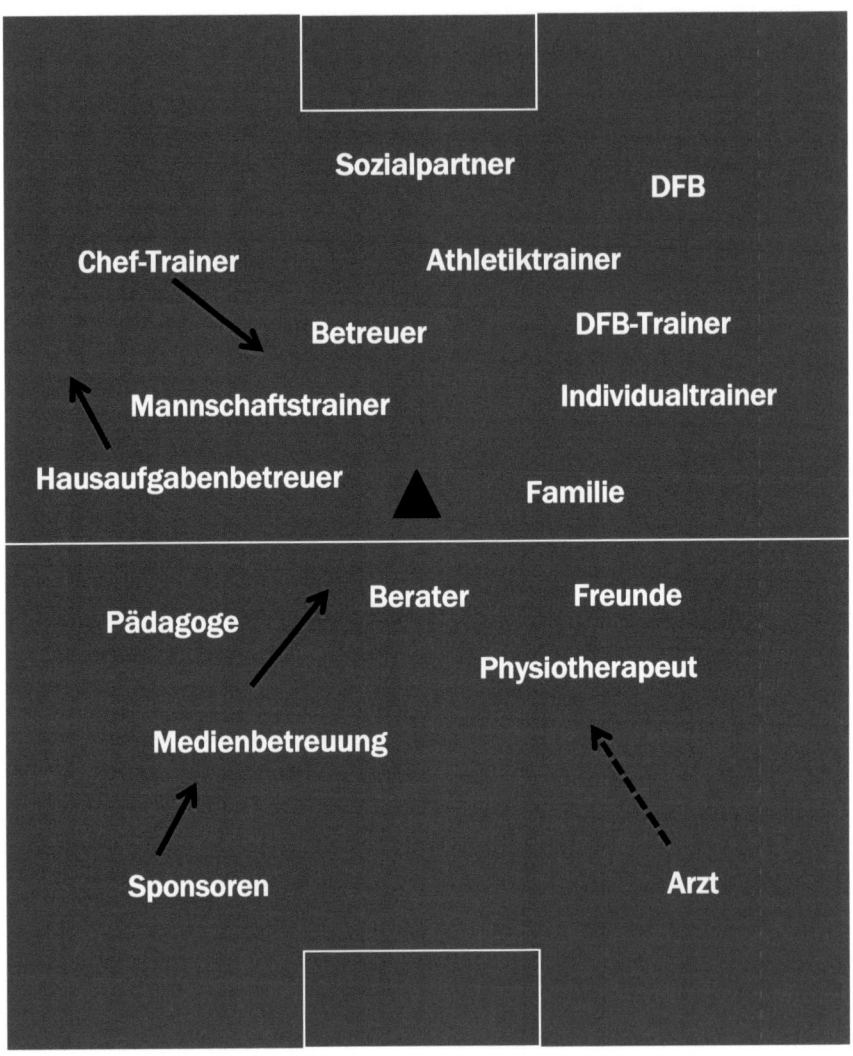

Abbildung 7:   Nähe-Distanz-Aufstellung eines U-17 Nationalspielers

Die Pädagogen

Ein junges Fußball-Top Talent auf dem Weg zum Profi begegnet immer wieder Menschen, die Einfluss nehmen oder nehmen möchten auf seine Persönlichkeitsentwicklung, seine duale Ausbildung, seine Karriere, auch denen, die teilhaben möchten am Erfolg. Die Pädagogen als Wegbegleiter im Netzwerk um das Talent zählen zu denen, die besonders großen Einfluss nehmen können. Die speziellen pädagogischen Aufgaben eines Lehrers an einer Eliteschule für den Fußball umschreibt der verantwortliche Schulkoordinator in einem Gespräch wie folgt:

Sie arbeiten seit fünf Jahren als Sportkoordinator. Welche Aufgaben haben Sie?

„Ich verstehe meine Aufgabe in der individuellen Förderung der Elitesportler. Hierbei geht es in erster Linie darum, den versäumten Unterricht, u.a. aufgrund von DFB-Maßnahmen, aufzufangen und den entsprechenden Bedarf zu koordinieren. Ich stehe diesbezüglich natürlich in engem Kontakt mit der Hausaufgabenbetreuung, die von Vereinsseite her durchgeführt wird."

Über welche Erfahrungen im Bereich der dualen Karriere der Toptalente können Sie berichten?

„Persönlich erachte ich es als ausgesprochen wichtig, sich neben dem Leistungssport ein gutes zweites Standbein zu verschaffen. Es gab in der Vergangenheit schon in frühem Alter Top-Talente, die letztlich aber nicht den ganz großen Durchbruch geschafft haben oder Sportler, die von großen Verletzungen heimgesucht wurden. In diesem Zusammenhang kommt oftmals die Frage auf, was machen diese Sportler nach ihrer Kar-

riere. Hierbei habe ich u.a. auch in Gesprächen mit erfahrenen Trainern heraushören können, dass die duale Karriere als ausgesprochen wertvoll betrachtet wird."

Könnten Sie zwei wesentliche Botschaften aus Ihren Erkenntnissen formulieren, die sich an Menschen richten, die in Zukunft mit jungen Elitesportlern arbeiten werden oder möchten?

„Geduld und ernst gemeintes Interesse. Die Arbeit mit den Elitesportlern ist im Wesentlichen nicht anders als mit unseren anderen Schülern. Sie stehen zwar in einem besonderen Fokus, aber der gilt nur hinsichtlich der Unterrichtsverteilung und der gewährten Freiräume für ihre sportliche Karriere. In erzieherischen und schulischen Belangen brauchen sie die gleiche Aufmerksamkeit wie die übrige Schülerschaft. Hierbei darf man eben nicht vergessen, dass sie auch nur ganz „normale" Schüler sind und auch so behandelt werden möchten. Entgegengebrachtes Interesse für den Sport und den Sportler ermöglicht zu vielen Spielern einen erheblich einfacheren Zugang."

Worin sehen sie im Prozess der Begleitung Weiterentwicklungs- oder Verbesserungsmöglichkeiten?

„Die Erfahrung hat gezeigt, dass die Absprachen und der Informationsfluss hinsichtlich Lehrgangsterminen oder Maßnahmen sowohl von Vereins- als auch von Verbandsseite manchmal besser sein könnten. Dies würde die innerschulischen Abläufe deutlich erleichtern. Im Grunde genommen könnte ein Vollzeit-Internat alles miteinander vereinen – duale Karriere in Schule und Leistungssport."

Wie oft begegnet uns im Alltag der Begriff „Pädagoge". In unserer Gesellschaft erhält er eine zentrale Stellung, denn die Zuordnung zum Begriff Bildung lässt ihn oft in den Fokus des Zeitgeistes rücken und wird damit ein diskursiver Begriff. Insgesamt lässt sich sagen, dass überall dort, wo Menschen erzogen, gebildet, betreut, gefördert, angeleitet oder begleitet werden, pädagogische Fachkräfte zum Einsatz kommen.

Nun, wenn wir in unseren Erfahrungsberichten über Pädagogen schreiben, dann meinen wir nicht nur die Lehrer in den Schulen, sondern auch die, die die nachmittags die Betreuung und auch an Wochenenden übernehmen, in einer Hausaufgabenbetreuung, in einer Pflegefamilie oder z.B.: in einem Sportinternat.

Ein Nachwuchs-Top-Talent erzählte mir in einem Rückblick auf seine Erfahrungen mit seinen Lehrern folgende Geschichte. Eine kleine Geschichte zum Nachdenken, die mein Lehrer in der 10. Klasse auf der Abschlussfeier erzählt hat, ist immer noch für mich prägend. Sie erinnert mich an den Lehrer, der genau das Thema der Geschichte in seiner Art und Weise uns zu begleiten, zu erziehen, usw. umsetzte. Ich, als Leistungssportler habe das nie vergessen und mir so oft in Erinnerung gerufen. Er erzählte uns eine Geschichte von den Flusssteinen:

„Ein Philosophieprofessor stand vor seinem Kurs und hatte einige Gegenstände vor sich aufgestellt. Als der Unterricht begann, nahm er stillschweigend ein großes Glasgefäß und begann es mit Flusssteinen – über 5 cm Durchmesser – bis zur Oberkante zu füllen. Anschließend fragte er die Studenten, ob das Glasgefäß jetzt voll sei. Sie stimmten überein, dass es gefüllt war. Sodann holte der Professor eine Kiste mit Kieselsteinen hervor und schüttete sie in das Glasgefäß. Er rüttelte das Glasgefäß leicht. Die Kieselsteine kullerten natürlich in die freien Bereiche zwischen den Felsbrocken. Die Studenten lachten. Er fragte seine Studenten wieder, ob das Glasgefäß jetzt voll sei. Sie stimmten ihm nochmals zu. Der Professor nahm dann eine Kiste mit Sand und schüttete ihn in das Glas-

gefäß. Der Sand rieselte in alle Ritzen und füllte alle noch vorhandenen Zwischenräume auf. „Jetzt", sagte der Professor „möchte ich, dass Sie dies auf Ihr Leben übertragen." Die Flusssteine sind die wichtigen Sachen im Leben – Ihre Familie, Ihr Partner, Ihre Gesundheit, Ihre Kinder – alles das, was Ihnen wertvoll ist und das Sie sehr treffen würde, wenn es verloren ginge. Die Kieselsteine sind die anderen Dinge im Leben, die zwar eine Bedeutung haben, aber in einem geringeren Ausmaße. Die Kieselsteine stellen Dinge wir Ihre Arbeit, Ihr Haus, Ihr Auto, usw. dar. Der Sand ist alles Übrige, das Kleinzeug. Wenn Sie den Sand oder die Kieselsteine zuerst in das Glas geben, ist kein Platz mehr für die Flusssteine. Dasselbe gilt für Ihr Leben. Wenn Sie all Ihre Zeit und Energie für Nebensächlichkeiten und die materiellen Dinge einsetzen, dann haben Sie niemals Raum für die Dinge, die wirklich wichtig sind im Leben. Geben Sie Acht auf die Dinge, die in Ihrem Leben entscheidend sind. Spielen Sie mit Ihren Kindern, gehen Sie mit Ihrem Partner zum Tanzen. Es wird immer Zeit geben, um zu arbeiten, das Haus zu säubern, eine Party zu veranstalten und seine Angelegenheiten zu erledigen. Vergessen Sie die Flusssteine nicht – die Dinge die wirklich von Bedeutung sind. Legen Sie Prioritäten fest. Der Rest sind nur Kieselsteine und Sand."

Diese Botschaft meines Lehrers prägt heutzutage noch manchmal meine Überlegungen zu meinen Lebensplanungen. Das ist auch gut so. In Momenten, wo Geld, Ruhm oder Reichtum an materiellen Dingen prägend Einfluss nehmen, ist es gut als mahnende Gedanken sich wieder auf den eigentlichen Wert des Lebens zurück zu besinnen. Das ist nicht immer einfach. Das gelingt auch nicht jedem. Letztlich ist es das Glück, Menschen um sich zu haben, die einen immer wieder die moralische, soziale und ethische Seite des Menschseins vor Augen führt. Ganz besonders wenn man zu denen gehört, die in der glücklichen Lage sind durch ihr Talentfinanzielle sorgenfrei das Leben zu gestalten. Schon bemerkenswert wie stark der Einfluss des Lehrers, des Pädagogen auf einen jungen Menschen sein kann. Er nimmt einen Vorbildcharakter ein, dessen er sich immer wieder bewusst sein muss. Darin liegt eine große Chance eine beziehungsnahe Wegbegleitung zu schaffen. Nur durch diese Nähe und die damit verbundene Wahrnehmung von Emotionen und Stimmungen unseres Ausnahmetalents führen zu einer gewünschten erfolgreichen Entwicklung in seiner Persönlichkeit. Das Beispiel zeigt deutlich, dass die Wertevermittlung in einem pubertierenden Alter eine unerlässliche Aufgabe ist. Sie gibt notwendige Orientierungshilfen. Entscheidend ist aber, dass eine Kommunikationsstruktur zwischen den einzelnen begleitenden Pädagogen aufgebaut werden muss, damit die Erziehung zur Persönlichkeit sich an denselben Werten orientiert. Auf die Pädagogen in den Gastfamilien oder im Sportinternat kommt eine besondere Aufgabe zu. Sie sind Ersatzeltern und haben die Aufgabe übernommen das Leben und Erwachsenwerden außerhalb des Fußballs zu prägen.

Die Medien

Die Netzwerkpartner haben alle ihre Eigendynamik in der Wirkung auf das Karriereziel. Die einen mehr, die anderen weniger, so wie das vergleichbar mit vielen Dingen im Leben ist. Sie unterliegen einem gesellschaftlichen Wandel und haben an jedem Ort und zu jeder Zeit eine andere Bedeutung. Vergleicht man zum Beispiel die Eltern-Kind-Beziehung früher und heute, so wissen wir, dass sich das traditionelle und patriarchalische Denken und Handeln in ein demokratisches und partnerschaftliches Verhalten entwickelt hat. Heute beschreiben Begriffe wie Vertrauen, Ehrlichkeit, Verbindlichkeit, Emanzipation und Emotion die sozialen Beziehungen. So ist auch das Verständnis aller Wegbegleiter in seiner sozialen Beziehung zum jungen Top-Talent zu verstehen. Besonders gefragt ist aber auch eine hohe Sensibilität im Umgang, gleich welche Hochbegabung der junge Mensch hat: Künstlerisch, sportlich oder musisch.

Doch ein Partner aus dem Netzwerk muss besonders differenziert betrachtet werden, da seine facettenreiche Strahlkraft heute mehr denn je über den Karriereweg zum Fußballprofi Einfluss nehmen kann. Er kann ihn erfolgreich unterstützen, aber genauso den Zeitpunkt des Scheiterns mitbestimmen. Wir sprechen von den Medien. Einen Blick in die Vergangenheit zu diesem Thema zu richten lohnt sich:

Wer kennt sie nicht und hat sie nicht schon mal gehört, die Reportage des WM Endspiels 1954, auch das Wunder von Bern genannt. Ein wunderschöner, auch heute noch mit Gänsehautfeeling begleiteter Augenblick. Deutschland wurde am 4. Juli 1954 Fußball-Weltmeister. In einem zeitgeschichtlichen Abschnitt, der geprägt war vom Wiederaufbau der Bundesrepublik Deutschland nach dem Zweiten Weltkrieg. Menschen hatten das Wirtschaftswunder in Deutschland geschafft, und Freude überkam ein ganzes Volk. Dieser Erfolg schien alle aus den Entbehrungen und Depressionen dieser Nachkriegszeit zu reißen. Der Sport hatte seinen hohen Stellenwert im Lebensalltag der Menschen wiedergefunden – Emotionen, Leidenschaft und Identität wurden in die Öffentlichkeit transportiert.

Die technische Entwicklung ging rasant voran und damit auch die Berichterstattung über den Sport. Eine neue Medienlandschaft entwickelte sich. Was interessierte den Leser und Zuschauer an den damaligen Sportereignissen. In erster Linie die Freude, der Spaß an Wettkämpfen und an Siegen. Geld spielte damals kaum eine Rolle, schon gar nicht öffentlich. Das Konsumdenken hielt erst Jahre später Einzug in den Bereich Sport, bedingt durch veränderte gesellschaftliche Strukturen und Denkweisen, aber auch durch die Gründung von privaten Sendern. Das Konkurrenzdenken wurde mit der Entwicklung von Privatsendern spürbar erhöht. Natürlich hatte das Auswirkungen auch auf die Berichterstattung von Sportereignissen. Der Markt der Zeitungen und Privatsendern wurde vielschichtiger, politischer und konkurrierender. Quoten rückten in den Mittelpunkt des Geschehens und entschieden über die Ansetzung von Sendungen. Jede Redaktion wollte erfolgreicher sein und höhere Auflagen erzielen. Somit rückten die Journalisten näher an die Sportler. Das natürliche Interesse der Menschen an Sensationen, Gerede und Gerüchten über Beziehungen sollte befriedigt werden. So erreichten die Medien höhere Leser- und Zuschauerzahlen. Je höher der Sportler in seinem Ansehen eingestuft wird, umso umfangreicher wird die Berichterstattung über ihn. Das bedeutet, dass er öffentlich in den Mittelpunkt rückt. Dies birgt einerseits die Chance, mit einer strategischen Öffentlichkeitsarbeit die eigene Karriere zu forcieren, aber andererseits die Gefahr, unter dem Einfluss und Druck der Medien durch ein schlechtes Image die Weiterentwicklung in Frage zu stellen. Nicht zuletzt ist die Bereitschaft vieler Jugendlicher zum gläsernen Menschen zu werden sehr hoch. Die sozialen Netzwerke, wie z. b. Facebook oder Twitter, eröffnen dazu neue Wege und Möglichkeiten. Ist es ein Urbedürfnis des Menschen, sich in allen Lebensbereichen mitzuteilen, möchte man, dass die anderen über einen selbst alles erfahren? Chancen und Risiken liegen dicht beieinander. Kehren wir zu unserem Ausgangspunkt zurück. Medien als Wegbegleiter eines Top-Talents. Eine unzertrennliche Beziehung.

Ein junges großes Talent, U16-Spieler, Schüler der Eliteschule des Fußballs erhält aufgrund seiner herausragenden sportlichen Leistung ein Vertragsangebot aus England. Von einem namhaften

Club. Er unterzeichnete diesen Vertrag. Darauf wurden die Medien natürlich aufmerksam. Von diesem Tag an stand unsere Schule im Focus der deutschen und englischen Presse. Täglich kamen Anfragen von Journalisten aus Funk, Fernsehen und Printmedien, die einen Beitrag des begehrten Talents erstellen wollten. Zunächst waren wir als Schule stolz darauf, in den Zeitungen erwähnt zu werden. Doch nach und nach führte das in den Schulabläufen zu erheblichen Störungen im Alltag. Aufbau von Kamerateams in der Klasse oder auf dem Schulhof, Szenenwiederholungen und Ablaufwünsche wurden eine große Belastung auch für den Schüler bzw. Sportler selbst. Die Konzentration auf das Wesentliche, die schulischen Leistungen, waren fast unmöglich. Dazu muss man erwähnen, dass die mediale Aufmerksamkeit auch im Verein und der Nationalmannschaft stattfand. In Abstimmung mit dem Verein entschieden wir im Interesse der sportlichen, schulischen und persönlichen Entwicklung des Jungen, die Pressekontakte auf ein Minimum zu reduzieren. Eine absolut richtige Entscheidung, die selbst von unserem Nachwuchstalent mit einem Dankeschön kommentiert wurde. Die Möglichkeit, zu Ruhe und Konzentration in der Arbeit zu finden, gehört zu den wichtigsten Faktoren, für die wir als erwachsene Wegbegleiter in der Verantwortung stehen. In diesem Fallbeispiel war es uns gelungen.

    In der folgenden zweiten Fallschilderung ergibt sich eine andere Erkenntnis. Sebastian, U12-Spieler, kam schon sehr früh auf die Eliteschule des Fußballs. Er besuchte die achte Klasse. Schon beim Aufnahmegespräch war ein Berater anwesend und überreichte mir eine Dokumentenmappe. Nein, sie enthielt nicht die erwarteten Zeugnisse, sondern eine Sammlung nationaler und internationaler Presseberichte über das Fußballtalent Sebastian. Nun hatte auch ich es mitbekommen. Der 12-jährige Sebastian wurde in der Presse als Ausnahmetalent vermarktet und sollte angeblich hohe Summen Geld erhalten haben. Viele namhafte nationale und internationale Fußballvereine sollen ihm ein Vertragsangebot unterbreitet haben. Nun, er hatte sich für einen nationalen Verein entschieden und somit auch für unsere Eliteschule. Im ersten Moment überkam mich natürlich Stolz und Freude über einen solchen Zugang an unserer Schule. Sebastian wurde in seiner sportlichen Entwicklung permanent von den Medien beobachtet und begleitet. Es entstand eine nicht zu bewältigende Drucksituation, da er ständig dem Bild eines Ausnahmetalents gerecht werden musste. Nicht zuletzt wurde dadurch auch seine Rolle innerhalb der Mannschaft verändert. Neid und Missgunst wurden ihm häufig entgegengebracht. Letztlich war vorhersehbar, was folgte. Der hohe mediale Druck auf einen 12-Jährigen und die hohen sportlichen Anforderungen führten dazu, dass das ehemalige Ausnahmetalent heute einer unter vielen ist. Spaß, Freude und Motivation am Fußballspielen gingen verloren. Nach einem langen und leidvollen Weg hat er die Freude und den Spaß wiedergefunden und spielt in einer leistungsorientierten Amateurmannschaft. Die entscheidende Frage bleibt offen. Ist er an seiner eigenen Talententwicklung gescheitert oder hat die frühe Einflussnahme der Medien und der damit erworbene Status eines Ausnahmetalents in der Öffentlichkeit zu seiner Situation geführt. Haben andere Netzwerkpartner in seinem Umfeld versagt? Auch wir, die Schule, konnten dies nicht verhindern, weil wir komplexe Anforderungen in dieser Situation zu spät erkannt haben. Kritische Fragen, die offen bleiben, sogar offen bleiben müssen, damit deutlich wird, dass nicht alles und jedes auf dem Weg zum Fußballprofi berechenbar, vorhersehbar und lenkbar ist. Die Medien als Freund und Helfer, aber auch als unberechenbaren Begleiter einschätzen zu können, ist ein wichtiger Lernprozess für junge Sportler. Das muss er uneingeschränkt lernen. Mit Sicherheit sollte es jedoch nicht in die Richtung gehen, nur Vorgegebenes und Abgesprochenes zu antworten. Nein, das Lernen besteht darin, Absichten zu durchschauen und die Zweckorientierung der Gespräche zu erkennen. Dies trifft besonders auf die Interviews zu. Für jeden Spieler erfordert dies eine besondere Aufmerksamkeit. Das erste Treffen mit einem Journalisten. Das macht jeden stolz und ist in der Regel verdienter Lohn für die lange und harte Trainingsarbeit. Ein Grund, sich zu freuen. Die jungen Spieler beschäftigen sich natürlich mit für sie wichtigen Fragen, wie etwa: Sehe ich gut aus? Sind die Haare „stylish" genug? Ist die Hosenmarke auch im Trend? Das ist doch realistisch, verständlich, normal. Belegt aber auch die Gefahr, dass Äußerlichkeiten von den Inhalten des Interviews ablenken können. Inhalte können jedoch nur dann glaubhaft vermittelt werden, wenn sie authentisch vorgetragen werden. Dazu gehört auch das Erlernen und Entwickeln der eigenen Sprachkompetenz. Diese wird in Zusammenarbeit von Schule und Verein durch Absprachen von Methoden im Unterricht und im Training gefördert. Lernprozesse durch kooperative Lernformen unterstützen den Erwerb einer besseren Sprachfähigkeit. Dies findet in der Schule statt und sollte auch die Abläufe in den Mannschaftsbesprechungen und Teammaßnahmen prägen. Das Anwenden von Präsentationstechniken, das Übern von Interviews in Rollenspielen und das freie Sprechen vor der Gruppe sind wertvolle Methoden, die sowohl die persönliche als auch sportliche Weiterentwicklung positiv beeinflussen. Mit diesen gewonnenen Fähigkeiten ist der Spieler letztendlich in der Lage, sich so in der Öffentlichkeit darzustellen, dass sein Name zu einem Sinnbild mit positiven, leistungsorientierten Werten werden kann, der für Erfolg steht. Schafft der Spieler diesen Schritt, bedeutet dies für ihn nicht nur ein positives Bild in der Öffentlichkeit, sondern auch gleichermaßen eine Bereicherung im Erwerb der Lebenskompetenz.

Die Berater

Montagmorgen. Das Telefon fordert unerbittlich meine Aufmerksamkeit. Sehr vertieft in die Überlegungen zur Gestaltung unseres Budgets für die Zukunft greife ich zum Hörer. „Guten Tag, ich bin Herr Schmitz aus München und Berater von ihrem Spieler Christian. Sie haben ihm einen Vertrag angeboten und ich würde gerne mit ihnen als Geschäftsführer der Nachwuchsabteilung darüber sprechen." Ich erkundigte mich nach seiner Legitimation und äußerte mich verwundert, dass er einen unserer noch 15-jährigen Spieler beraten würde und doch so weit entfernt wohne. Ich teilte ihm mit, dass ich zunächst ein Gespräch mit dem Spieler und seinen Eltern führen würde und bei Bestätigung gerne noch einmal telefonieren könnte. Vor der Verabschiedung wollte er nur noch eine kurze Frage stellen: „Sagen Sie mal, wie ist denn der Spieler so, er soll ja sehr gut sein." Nach Sekunden der Sprachlosigkeit und angesichts der unfassbaren Leichtgläubigkeit des Spielers und seiner Eltern Mitleid mit diesen empfand, teilte ich ihm mit, dass wir das Gespräch beenden und ich mich mit der Familie auseinandersetzen würde. Ich habe nie wieder mit diesem Berater verhandelt, weiß aber, dass er heute noch von der Familie in Anspruch genommen wird. Heute werden sie sich wohl kennen. Setze ich – immer positiv denkend – mal voraus. Zumindest war es nicht ganz so schlimm, wie eine Begegnung mit einer anderen Art von selbstloser Hilfe und beratender Unterstützung. Ein talentierter und hoffnungsvoller Spieler, der für sein Land als Juniorennationalspieler im Einsatz war, kam von einer Länderspielreise mit Begleitung wieder zurück. Er bat um ein Gespräch, und so traf ich mich mit ihm und seinem neuen Berater in meinem Büro. Nach kurzer Vorstellung legte der Berater seine offizielle Legitimation und einen Vertrag mit dem Spieler vor. Dieser Vertrag bestand aus einem handschriftlichen Zweizeiler. Hiermit übertrage ich die Vollmacht uneingeschränkt .... Weiter brauchte ich nicht zu lesen. Der Spieler war minderjährig, keine Unterschrift der Erziehungsberechtigten, ein Vertrag, der an Unseriösität und Kriminalität nicht zu überbieten war. Ich fragte unseren Spieler, ob er von diesem Menschen wirklich beraten werden möchte und wie lange er ihn kennen würde. Wir würden jedenfalls nicht mit ihm zusammenarbeiten. Ich forderte den Berater auf, mein Büro zu verlassen und möglichst nicht wieder zu betreten. Unter Androhung von Anklage, Pest und Cholera verließ er mein Büro. Wir haben noch eine schriftliche Androhung einer Klage erhalten und dann nie wieder etwas gehört. Der Spieler stand unter einem großen Druck, einen guten Vertrag zu erhalten, um die Familie unterstützen zu können. Jeder, der ihm dazu einen Weg aufzeigen konnte, war natürlich erst einmal ein Hoffnungsträger, der ihn von der tief empfundenen Not befreien konnte. Bis heute vertritt der Spieler nach einer Aufarbeitung dieser Situation sich selbst und ist A-Nationalspieler seines Landes. Immerhin.

Meine Zeit war nun verstrichen, in meinen Gedanken weit entfernt von der Budgetgestaltung, musste ich zu meinem nächsten Termin. Ein Gespräch über die Zielplanungen und nächsten Schritte für unseren Spieler Mike. Am Tisch sitzt neben unserm U19-Trainer Herr Müller, Berater unseres Top-Talents. Als ich zu dem Gespräch komme, sind beide bereits sehr vertieft in ein Gespräch über die positive taktische Entwicklung und stellen erste Überlegungen an, wie die möglicherweise störenden Einflüsse aus seinem Umfeld, die schlechten Schlafgewohnheiten und die zeitweise Überheblichkeit im Umgang mit seinen Mitspielern angegangen werden könnten ….

Mit diesem letzten Beispiel soll die Vielfalt und die Bandbreite in der Zusammenarbeit mit Beratern aufgezeigt werden. Es gibt alle denkbaren Möglichkeiten. Von der reinen Ausnutzung mit allen vorstellbaren Mitteln bis zu einer sehr konstruktiven, entwicklungsfördernden und für den Spieler gewinnbringenden Unterstützung ist im Wettbewerb auf dem Markt „Spielerberatung" alles vertreten. Immerhin soll die Bundesliga jährlich ca. 80 Millionen € (Annahme der Autoren) an Provisionen für Berater und Agenturen investieren. Der nur wenig geregelte und schwierig kontrollierbare Markt zeigt dabei viele Gesichter. Jeder darf sich versuchen. Von Goldgräbern auf ihrem Weg ins Glück, die sich ihren Weg auf Kosten von jedermann freischaufeln, bis zu professionellen Kompaktangeboten ist alles möglich. Allen gemeinsam ist jedoch der Versuch, die Spieler in eine möglichst hohe Abhängigkeit zu bringen. Die Vereine versuchen ihrerseits sich die Dienste des Spielers zu sichern. Eine Verhandlung, ein Werben oder sogar ein Kampf um die Gunst und natürlich die Unterschrift des Nobelproduktes Spieler und seiner Eltern beginnt. Die Objekte der Begierde werden dabei immer jünger. Allerdings nur solange, wie eine Chance auf Erzielung von Gewinnen besteht. Das geht im Fußball ziemlich schnell wieder auf und ab. Zumindest zum Karriereende erlischt die fast übernatürliche Leidenschaft und Zweisamkeit zwischen Berater und Spieler. Manchmal auch schon vorher deshalb, weil der Profit sinkt und unzureichend ist.

Das Leistungsangebot der Agenturen unterscheidet sich sicherlich in der jeweiligen Philosophie. Betrachtet man die Marktführer, so werden in einer recht großen Übereinstimmung ähnliche Dienste angeboten. Im Gespräch mit einem damals 16-jährigen Spieler und seinen Eltern wurde ich um einen Rat gebeten. Ihm lag ein Angebot einer Agentur vor mit der Chance, auf ein Team von Experten in den Bereichen Recht, Versicherungen oder Medien zurückzugreifen. Die „laufende" Betreuung sei ohnehin selbstverständlich. Zu erbringende Managementleistungen werden aufgrund der Erfahrung und Einschätzung der Agentur verbindlich festgelegt. Zusätzliche Vermarktungsleistungen werden ohne Verpflichtung für die Agentur gegen zusätzliche Vergütung des Spielers erbracht. Allerdings wurde dem Spieler das Recht eingeräumt, seine Wünsche zu äußern, und es wurde ihm zugestanden, die

Agentur zu informieren, falls er unzufrieden ist. Im Angebot der
Agentur findet man die Vermittlung von Kontakten für Versicherungen, Rechtsberatungen, Finanzierungen und Geldanlagen sowie Steuer- und Vermögensberatung. Die Agentur als Netzwerk-
zugang für die Spieler, deren Nutzung die Exklusivität voraus-
setzt. Die Agentur unterstützt weiterhin in der sportlichen Beratung, gibt Feedbacks über die sportliche Entwicklung, vermittelt
zusätzliches Training, hilft bei Konflikten mit dem Verein oder
Trainer und schult in der Medienberatung. Der Spieler zahlt für
dieses „Paket" eine Provision zwischen 10 und 20 % auf alle seine
aus den Verträgen erwirtschafteten Einnahmen. Die Vereine zah-
len ebenfalls eine Provision an die Agentur für einen Vertragsab-
schluss. In der Regel pro laufendes Vertragsjahr. Die Vermittlung
von Finanzierungen, Versicherungen und anderen Beratungsleis-
tungen wird sich zudem für die Agenturen auszahlen. So weit so
gut. Eine erbrachte Dienstleistung soll und muss honoriert werden. Dagegen ist nichts einzuwenden, man muss nur wissen, worauf man sich einlässt.

In einer guten Zusammenarbeit zwischen Berater, Verein,
Spieler und Eltern liegen Chancen für eine erfolgreiche Entwick-
lungssteuerung. Der Wunsch nach Beratung und Unterstützung
ist bei Eltern und Spielern in der Regel sehr ausgeprägt und muss
berücksichtigt werden. Gute Voraussetzungen für die Zusammenarbeit sind dann gegeben, wenn eine transparente Kommunikation
zwischen allen Beteiligten gewährleistet ist und eine gemeinsame
Zielsetzung verfolgt wird. Diese Zielsetzung kann nur die positive
Entwicklung des Spielers in seiner sportlichen, schulischen und
persönlichen Entwicklung sein und ist für Vereine und Berater
verbindlich. Diesen Anspruch gilt es allen Teilnehmern am Netzwerk deutlich zu machen. Ohne eine gemeinsame Vorgehensweise
sind die Erfolgsaussichten deutlich geringer und bergen viele Kon-

fliktmöglichkeiten in sich. Eine unrealistische und unangemessene Prognose für einen möglichen sportlichen Erfolg ist ein Beispiel für negative Entwicklungseinflüsse. Die richtige und vom Spieler akzeptierte Zielsetzung und eine wichtige Grundlage für den Erfolg. Ob eine „Paketlösung" für alle Lebensbereiche die Patentlösung ist, muss jeder für sich entscheiden. Eine rechtliche Beratung könnte auch nur für einen einzelnen Auftrag in Anspruch genommen werden und nur für diesen dann auch zu bezahlen sein. Die Wahl der Beratung ist eine wichtige Karriereentscheidung, die jeder Spieler mit seiner Familie letztendlich treffen muss. Als Verein kann man die Bedeutung dieser Entscheidung in Gesprächen verdeutlichen und darauf hinweisen, welche Voraussetzungen für eine gute Zusammenarbeit erforderlich sind. Zusammenfassend sind dies eine hohe Transparenz zwischen den Netzwerkpartnern, eine gemeinsam verbindlich vereinbarte Zielsetzung für die Entwicklungsschritte, eine realistische Leistungsbewertung und ein hohes Maß an Verantwortung für die persönliche und soziale Entwicklung des Spielers.

Die Sozialpartner

Auf dem Weg zur eigenen Verantwortung – Kooperationen mit dem verantwortlichen Blick in die Zukunft

„Ein ganz normaler hektischer Schulalltag ging zu Ende. Der herrliche Sommertag lockte mich, bevor ich meine Verwaltungsarbeit am Schreibtisch fortsetzte, zu einem kurzen Einkaufsbummel auf unserer Geschäftsstraße im Schulviertel. Ich war mir der Wahrscheinlichkeit bewusst, meinen Schülerinnen und Schülern auch dort zu begegnen. Aber für mich kein Hindernisgrund, die Sonnenpause zu genießen. Den Small Talk mit den Kindern und Jugendlichen außerhalb pflegte ich genauso wie den

innerhalb der Schule. Es machte mir auch viel Freude, Gespräche zu füh-
ren, die mal nicht Schulisches zum Thema hatten. In dieser Stimmung
ging ich die Hauptstraße entlang. Und tatsächlich, da erschien doch mei-
ne Sportlergruppe aus der 8. Klasse! Welch ein Zufall! Sie genossen wohl
auch ihre knappe Pause zwischen Schule und Training. Ihr gutes Recht!
Aber hatte ich das richtig gesehen? Standen sie vor MC Donalds mit
einer riesigen Fast Food Tüte? Mit einer Cola in der anderen Hand? Und
waren da die anderen noch in der Schlange am Kiosk?"

Tja, eigentlich ein normaler Blick auf die Schülerschaft im Alltag.
Doch hier war es ja eine Ausnahme. Die Schüler waren die Leistungsfußballer der Eliteschule des Fußballs, alle mit dem Karriereziel „Fußballprofi" vor Augen, derzeitige oder zukünftige Jungnationalspieler. Was sollte ich nun tun? Hingehen und schimpfen?
Weggucken? Eltern und Trainer benachrichtigen? Eine schwierige
Entscheidung. Die Richtige gab' s da wohl nicht. Ich entschloss
mich, Verantwortung vorzuleben. Verantwortung bedeutete für
mich, einerseits das Vertrauen der Schüler nicht zu verlieren und
andererseits mein Handeln im Sinne der Entwicklung eines jeden
jungen Menschen auszurichten. Ich musste infolgedessen die Situation zum Anlass nehmen, unsere Sportler zu einem verantwortlichen Handeln für sich selbst zu gewinnen. Dies war eine Chance,
denn ihr Karriereziel zu erreichen war ihr Lebenstraum. Dafür
taten sie alles. Trotzdem auch immer wieder wichtig die Erkenntnis, dass es sich um Jungs handelt, die in einem Alter sind, in dem
sich ihre Bedürfnisse nicht von den anderen Altersgenossen zunächst unterscheiden. Süßigkeiten, Fast Food, Cola – all das prägt
das äußere Gesellschaftsbild heutiger Pubertierender. Alkohol und
Nikotingenuss zählen auch dazu. Umso mehr müssen wir, die zur
Verantwortung erziehen wollen, selbst Verantwortung vorleben.
Das bedeutet zunächst einen sensiblen und durchdachten Umgang

mit diesem Thema, nennen wir es „ Gesundes Leben – Verantwortung für sich und andere übernehmen". Im Vordergrund stand mein Ziel, mit den jungen Leistungssportlern gemeinsam einen Weg bei diesem Thema zu finden, um durch Einsicht und Überzeugung adäquat handeln zu können.

Zurück zu meiner Schilderung. Ich hatte mich dafür entschieden, ohne den Kontakt zur Gruppe zu suchen, zu meinem Arbeitsplatz zurückzukehren. Meine Handlungen im pädagogischen Arbeitsfeld zeigten oft dann Erfolg, wenn zu wichtigen, zukunftsweisenden Themen die Expertenbegleitung hinzugezogen wurde. Zu diesem Schritt entschloss ich mich auch in diesem Fall. Ich hielt nichts davon, dem unangemessenen Verhalten der Sportler mit Vorwürfen zu begegnen, sondern aktiv und verantwortlich ihnen den notwendigen, zukunfts -und erfolgsorientierten Weg aufzuzeigen, um sie bei der Realisation ihres Karriereziels positiv zu begleiten. Durch die enge Vereinsarbeit hatte ich Kontakt zur Deutschen Krebshilfe.[12] Sie war für mich der beste Garant zur erfolgreichen Thematisierung im gesundheitlichen Bereich. Ich zögerte nicht lange und informierte meinen Kollegen, Christoph Henkel, über mein Erlebnis mit der Sportlergruppe und schlug ihm den eben beschriebenen Weg zur Aufarbeitung vor. Er unterstützte mich ohne lange zu überlegen, denn auch er verfügt über langjährige Erfahrung in der Zusammenarbeit mit diesem Partner. Präventiv ausgerichtet kann er den jungen Leistungssportlern ein extrem wichtiger Wegbegleiter sein. „Gesunde Ernährung und ein grundsätzlich gesundes Leben sind Voraussetzungen für ein erfolgreiches Fußballprofi-Leben," so Henkels Reaktion. Im Rahmen ihrer Präventionsarbeit vermittelt die Deutsche Krebshilfe folgende Botschaften an Kinder, Jugendliche und Erwachsene:

---

12 Deutsche Krebshilfe, Buschstraße 32, 53113 Bonn (www.krebshilfe.de)

- Durch eine gesunde Lebensweise kann jeder sein individuelles Krebsrisiko senken.
- Rund zwei Drittel aller Krebserkrankungen könnten durch einen gesunden Lebensstil vermieden werden. Bei 450.000 Neuerkrankungen an Krebs jährlich in Deutschland bietet dies ein großes Potential.
- Zu einem gesunden Lebensstil gehören Nichtrauchen, gesunde Ernährung, mäßiger Alkoholkonsum, Normalgewicht, viel körperliche Bewegung und vorsichtiger Umgang mit UV-Strahlung (Sonnenschutz, Meiden von Solarien).
- Krebs-Früherkennung kann Leben retten: Früh erkannt, sind die meisten Krebskrankheiten heilbar.
- Krebs-Patienten und ihre Familien brauchen unsere Solidarität und Unterstützung.
- Ohne Forschung kein Fortschritt: Die Deutsche Krebshilfe ist der größte private Förderer der Krebsforschung in Deutschland.

Die Kooperation mit der Nachwuchsabteilung des 1. FC Köln ist für die Deutsche Krebshilfe ein „Best-Practice"-Beispiel. Ziel der gemeinnützigen Organisation ist es, bundesweit im Breitensport das Bewusstsein für die Krebs-Prävention zu verankern und die gesellschaftliche Verantwortung der Sportler herauszustellen. Nun erfolgte in der Arbeitsgruppe (Vertreter aus Schule, Verein und Krebshilfe) zum Thema „Gesunde Ernährung" die Festlegung auf inhaltliche Schwerpunkte und die strukturelle Vorgehensweise unter dem Aspekt der Nachhaltigkeit, aber auch unter Berücksichtigung der Sportlerwünsche. Deshalb war es wichtig, auch ein Gespräch mit allen Leistungssportlern über ihre Lebensweise zu führen und sie nach ihren Bedürfnissen zu fragen, welche Themen sie gerne mit Experten besprechen möchten. Es ist ganz entscheidend, jungen Menschen das Gefühl der Selbstbestimmung und die Chance zur Mitsprache zu geben. So beteiligt man sie unwillkürlich schon an der Verantwortung. Das erste Gespräch mit den Sportlern führten nur wir, ich als Schulleiterin und mein Kollege als Vertreter aus dem Sport. Themen wie Umgang mit Alkohol und Nikotin wurden genauso genannt wie das Trinkverhalten, aber auch die Ernährung, Fast Food, Genuss, Süßigkeiten, uvm. Die Jungspieler erzählten freimütig und ungeniert von ihrem Umgang mit Fast Food -Essen. „Das muss doch manchmal sein. Das gehört doch dazu. Das machen doch alle", so ihre Argumente. Sie waren für uns ein Signal für die Notwendigkeit, sensibel und altersgemäß damit umzugehen. Ein Verbot, eine Anklage in Form von Vorwürfen gegenüber den Jungs wäre sicherlich kontraproduktiv gewesen. Den richtigen Umgang mit ihren Bedürfnissen zu lernen, das sollte das Ziel der Erziehenden und Verantwortungsbewussten sein. Wir vereinbarten in diesem Gespräch, dass wir diese Themen an die Deutsche Krebshilfe weiterleiten und entsprechende Themenkreise mit Experten bilden würden. Parallel dazu sollten natürlich die Eltern einbezogen werden. Auf Elternabenden sollten die Erziehungsberechtigten und damit auch die Verantwortlichen für die Begleitung einer gesunden Lebensweise wichtige Informationen und praktische Tipps erhalten. Darauf kommt es nämlich an. Wie kann ich meinem Kind eine gesunde Lebensweise verantwortlich vermitteln? Somit starteten wir eine Präventionsarbeit, die einerseits ausgerichtet war auf die Stärkung der Persönlichkeit junger Menschen durch die Übernahme der Verantwortung für ihr eigenes Leben, aber auch andererseits die Unterstützung zur Erreichung des Karriereziels „Profifußball" leistete. Die Umsetzung unseres Vorhabens begann wenige Wochen später. Zum Glück haben wir in der Schule eine Aula, die die Durchführung größerer Veranstaltungen ermöglicht. Denn in der

Arbeitsgruppe hatten wir uns für eine Auftaktveranstaltung mit den Jüngsten entschieden. Also den 9-11-jährigen, die in U8-U11 Fußball spielen, und unsere Kinder aus der Sportklasse 5 mit ihren Eltern. Dies ergab sich aus unserer strukturellen Planung, sie sollte nach Altersgruppen aufgeteilt, themenbezogen im halbjährlichen Rhythmus stattfinden. Erfahrungsgemäß steigt das Bewusstsein für gesundes Leben mit zunehmendem Alter bei Leistungssportlern, gekoppelt natürlich an sportliche Leistungsanforderungen. Somit begannen wir bei den Jüngsten mit dem Thema „ Gesunde Ernährung" und bei den Ältesten mit der Thematik „Mentale Stärke".

Altersgruppe der 9-11-Jährigen

Am ersten Themenabend luden wir alle zu einem „ Kochkurs" ein, natürlich auch die Trainerteams und Lehrer. Durchgeführt bzw. moderiert wurde der Kurs von einer Expertin der Deutschen Krebshilfe. Ziel war es, allen Teilnehmern die Grundregeln einer gesunden Ernährung zu vermitteln. Spielerisch, natürlich um das Interesse der Kinder einzufangen. Was für eine Stimmung in der Aula! Ein herrliches Spektakel, das den Kindern besonders aufgrund der praktischen Übungen Riesenspaß gemacht hat. Gruppenweise an 6er-Tischen arbeitend, fertigten sie einen Obstsalat an. Im anschließenden Kreisgespräch thematisierten sie die Bestandteile der Ernährung, Vitamine, Eiweiß, Kohlenhydrate usw. und lernten, warum sie für den jungen Körper so wichtig sind. Die Eltern waren aufmerksame Zuhörer und Zuschauer, die entsprechendes Material für zu Hause an die Hand bekamen.

Altersgruppe der 12-14-Jährigen

Die 12-14-Jährigen hatten die Möglichkeit, sich mit dem Thema „Suchtprävention" auseinanderzusetzen. Auch hier arbeitete der Experte mit handlungsorientierten Elementen. Wie war das denn, mit einer Brille zu laufen, die einem bei Durchsicht das Gefühl gab, betrunken zu sein? Wie bei 1,4 Promille!!!!. Es sollte ein Hütchen-Lauf stattfinden, der natürlich zu viel Gelächter führte, weil keiner dies schaffte, ohne ein Hütchen umzuwerfen. Die Erkenntnis, dass man bei dieser Promillezahl nicht mehr Herr seines Körpergefühls ist, schockte schon einige und machte sie nachdenklich. Wichtig zum Schluss die Zusammenfassung seitens des Experten, dass solch ein regelmäßiger Alkoholkonsum den jungen Menschen niemals in die Lage versetzen wird, sich im Spitzensport weiter zu entwickeln, gleich, welches Talent er mitbringt. Der Körper kann bei dauerhaftem Nikotin und Alkoholgenuss keine sportlichen Höchstleistungen abrufen. Ein Schmunzeln ging durch die Gruppe. Kannte man doch Profis, deren Lieblingsort neben dem Fußballplatz die Theke in der Eckkneipe war. Und dieser rief trotzdem Höchstleistungen ab, auch auf dem Fußballplatz. Natürlich gibt es so etwas, das sind Ausnahmen und sicherlich kein Maßstab für eine positive Persönlichkeitsentwicklung. Letztendlich liegt es bei jedem Menschen selbst, welchen Weg er geht. Auch der Leistungsfußballer bestimmt im Alter ab 18 Jahren über seinen eigenen Lebensweg und übernimmt die Verantwortung dafür. Dass es hier und da manchmal eine Ausnahme geben kann, darüber sind sich alle Beteiligte einig.

Altersgruppe der 15-18-Jährigen

Diese jungen Leistungssportler hatten sich gewünscht, über das Thema „Mentale Stärke" zu sprechen – außerdem über den Umgang mit der Konkurrenz, mit Frusterlebnissen, mit eigenen Schwächen. Auch hierzu holten wir uns einen Experten von der Deutschen Krebshilfe, die in diesem Bereich ebenfalls ihre Unterstützung anbietet. Work-Shops fanden ohne Anwesenheit der Erwachsenen statt, um den jungen Teilnehmern eine vertrauliche Gesprächsatmosphäre zu bieten, in der sie unbefangen ihre Fragen und Wünsche äußern konnten. Nach Aussagen der Spieler eine sehr erfolgreiche Fortbildung, aus der alle für sich selbst etwas mitnehmen konnten. Diese Reihe wurde in Abständen von drei Monaten fortgesetzt. Mental stark zu sein – eine elementare Forderung nicht nur an einen zukünftigen Profi. Verantwortung für sich selbst zu übernehmen, zu reifen in seiner Persönlichkeit, Werte zu verinnerlichen, das führt zur Entwicklung zu einem mündigen Bürger, den die heutige Gesellschaft fordert und mehr denn je braucht. Sich zu positionieren, Zivilcourage zu zeigen, Kritikfähigkeit zu demonstrieren, stark sein, das sind Forderungen unserer heutigen Leistungsgesellschaft. Menschen, besonders junge Menschen sind heute hohen Leistungszielen, nicht nur im Sport ausgesetzt. Ist jedoch jeder Mensch in der Lage, dieses Bild zu bedienen? Was ist mit dem, der Schwächen zeigt? Sind Konsum, Konkurrenz, Macht, Wohlstand, Statussymbole die Erfolgsgaranten für ein glückliches Leben? Erfahren wir auch noch Werte, die zählen aus dem Bereich der Menschlichkeit, der Emotionen, des Miteinanders? Fragen, die auch in den Bereich Fußball gehören, ein Spielfeld, auf dem man sehr schnell ins Stolpern geraten kann, so wie es Ottmar Hitzfeld ja in seinem Vorwort formuliert hat. Knallharte Bedingungen, denen viele zum Opfer fallen, weil sie den Ansprüchen nicht gerecht werden können. Genau hier greifen auch die Präventivmaßnahmen der Deutschen Krebshilfe im Projekt „Gesundes Leben." Dies bedeutet nämlich im Umkehrschluss, nicht krank zu werden durch Leistungs- und Erwartungsdruck. An dieser Stelle sollten wir nochmal einen Blick auf ein trauriges Ereignis in der Vergangenheit werfen – den Freitod von Robert Enke. Es steht uns nicht zu, auf die Umstände und die facettenreichen Hintergründe einzugehen, wir sehen jedoch eine Chance in den Worten und Gedanken, die das traurige Ende eines jungen Fußballprofi und Nationalspielers, aber eben auch Vaters und Ehemanns, nach sich gezogen hat. Besonders die Worte des DFB-Präsidenten, Dr. Theo Zwanziger, sollten uns zum Nachdenken und Handeln aufrufen:

„....*Fußball, meine Damen und Herren, liebe Trauergemeinde, darf nicht alles sein. Das Leben, das uns geschenkt ist, ist vielfältig. Es ist interessant. Es ist lebenswürdig. Wir können auch auf das, was wir tun, ein Stück stolz sein. Wir können etwas leisten. Aber wir erfüllen uns immer nur in der Vielfalt und in der Gemeinschaft. Fußball darf nicht alles sein, liebe Eltern, wenn Ihr daran denkt, ob Eure Kinder einmal Nationalspieler werden könnten. Denkt nicht nur an den Schein, an das, was sich dort zeigt, über die Medien verbreitet. Denkt auch an das, was im Menschen ist an Zweifel und an Schwächen. Fußball ist nicht alles. Aber, meine Damen und Herren, es gibt auch den anderen Satz. Vor dreieinhalb Jahren begann die Weltmeisterschaft mit einem Gottesdienst in München. Damals, die Sonne begann genauso wie hier den Nebel und den Regen zu verdrängen, sprach Bischof Wolfgang Huber: "Fußball ist ein starkes Stück Leben". Ja, Fußball kann ein starkes Stück Leben sein, wenn wir nicht nur wie Besessene hinter Höchstleistungen herjagen. Wir dürfen uns anstrengen. Ja. Aber nicht um jeden Preis........"*

Die Rede endete mit folgendem Appell:

„Ein Stück mehr Menschlichkeit, ein Stück mehr Zivilcourage, ein Stück mehr Bekenntnis zur Würde des Menschen, des Nächsten, des Anderen. Das wird Robert Enke gerecht. Ich bedanke mich für Eure Aufmerksamkeit."[13]

Höchst emotional, feinfühlig und sensibel in der Wortwahl, aber auch mit einer zentralen Botschaft, die unser Denken und Handeln leiten sollte. Eben ein Stück mehr Menschlichkeit, ich ergänze, zuzulassen, Schwächen zeigen und benennen zu können, ohne unwürdige Blicke auf sich zu ziehen, ein Mitgefühl oder Miteinander entstehen zu lassen, das zu Respekt und Anerkennung führt, was den Schwächeren wiederum stärken könnte. Um diesen Prozess zu erreichen, lohnt es sich weiter zu kämpfen. Bildung einerseits, das Erlernen von Werten und Schlüsselqualifikationen, die eine verantwortliche Zukunft ebnen, und Fußball andererseits als Ort für die Einübung dieser menschlichen Haltungen ergänzen sich hervorragend für die beispielhafte Vorgabe, dass ein verantwortungsbewusster Umgang mit der Zukunft junger Leistungsfußballer machbar und das Schaffen eines Bewusstseins für ein zweites berufliches Standbein möglich ist. Genau diesen Weg zu einer alternativen beruflichen Möglichkeit zeigen wir in dem folgenden Kapitel auf. Ein Scheitern im Leben eines einzelnen jungen Menschen wird durch viele positive lebensbegleitende Maßnahmen verringert, kann aber nie ausgeschlossen werden. Diesen Anspruch kann niemand von uns erheben.

---

13 Aus: Trauerrede zum Tode von Robert Enke Oktober 2009

Die Wirtschaftsunternehmen

Das Thema "Bildung und Fußball im Einklang" bedeutet auch die Öffnung in den Bereich der freien Wirtschaft. Eine Chance für beide Seiten. Warum – werden sich viele fragen? Hier die Antwort eines jungen Fußballers, der seine Chance genutzt hat:

„Mit 11 Jahren spielte ich in meinem kleinen Dorfverein Fußball. Eines Tages wurde ich zum Probetraining bei einem namenhaften Verein eingeladen. Und tatsächlich wurde ich aufgenommen. Ich spielte dann jedes Meisterschaftsspiel ab der U15. Meine sportliche Ausbildung machte schnell Fortschritte, und ich galt als großes Talent. Ich erhielt auch einen Fördervertrag. Das bedeutete für mich, dass mein Verein, d.h. auch mein Trainer mein fußballerisches Talent sehr hoch einschätzten. Ich ging auf die Eliteschule des Fußballs und wurde sehr nah von den Lehrern in der Hausaufgabenbetreuung begleitet. Ich kann mich noch gut an den Tag erinnern, als unsere Schulleiterin uns Sportler zu sich rief und uns über eine besondere Maßnahme informierte: Sie hat uns erklärt, dass es ihre Pflicht sei, ihre Schüler auf das Berufsleben vorzubereiten, die Sportler würden für sie keine Ausnahme machen, auch wenn die Leidenschaft zum Beruf „Fußballprofi" erkennbar und auch nachvollziehbar sei. „Doch was wisst ihr sonst über eure Fähigkeiten, eure Berufswünsche abseits des uns bekannten Wunsches?" Sie hatte Recht. Keiner von uns hatte darüber nachgedacht oder wollte darüber nachdenken. Heute weiß ich das erst so richtig wertzuschätzen. Warum? Einfach, weil durch eine Verletzung, vielleicht auch durch mein nicht mehr weiter entwickeltes Talent, der Fußball für mich nur noch Nebensache ab der U19 wurde. Nachdem der Verein mich über die Nichtübernahme in die A-Jugend informierte, wechselte ich wieder zu meinem kleinen Dorfverein. Und genau dann war ich glücklich, in meiner schulischen Ausbildung viel über mich selbst außerhalb des Fußballs erfahren zu haben. Durch einen

Kompetenzcheck, der ein Stärke- und Schwächeprofil über die Persön-
lichkeit aufzeigen konnte, hatte mir der Psychologe zu meinem Ergebnis
folgendes mitgeteilt: Eindeutige Stärken lagen im kaufmännischen Be-
reich, das wäre meine berufliche Profilierungsmöglichkeit, meine Schwä-
chen zeichneten sich bei der Kompetenz der Kritikfähigkeit ab. Hieran
sollte ich arbeiten. Mein Lehrer und auch meine Eltern nahmen an dem
Auswertungsgespräch teil. Tja, mit der fehlenden Kritikfähigkeit war ich
in der Schule und auch im Fußballverein konfrontiert worden. Ich musste
daran arbeiten, das war klar. Mal in einem Büro zu arbeiten, konnte ich
und wollte ich mir auch gar nicht vorstellen, Fußballspielen sollte mein
Beruf werden. Nun, es kam dann eineinhalb Jahre später alles anders.
Müßig über die Gründe nachzudenken, aber es war schon ein harter
Schlag für mich. Ich wollte es nicht wahrhaben, den Verein verlassen zu
müssen, mein Karriereziel Fußballprofi zu werden, hatte sich zerschla-
gen. Was nun? Wie gut, dass ich ein zweites berufliches Standbein durch
meine Schule und auch unterstützt durch meinen Trainer kennengelernt
hatte. Im Nachhinein weiß ich es auch besonders zu schätzen, dass so-
wohl die Eliteschule als auch der Verein immer mit Wirtschaftsunter-
nehmen kooperiert hatten Dort konnten wir Praktika durchführen, Ge-
spräche führen mit der Personalleitung, um die geforderten Schlüsselqua-
lifikationen an Auszubildende in der freien Wirtschaft kennenzulernen,
Bewerbungstraining durchführen und sich eventuell auf einen Ausbil-
dungsplatz bewerben. Die Unternehmen waren immer verständnisvoll,
wenn es um Trainings- oder Spielzeiten ging, zu denen man freigestellt
werden musste. Die große Chance für mich, nicht ins Leere zu fallen,
sondern mein zweites berufliches Standbein auf einen realistischen Weg
zu bringen. Ich hatte eine Perspektive, die mir half, die schmerzende Si-
tuation besser zu verarbeiten. Es gab also doch was außer Fußball zu
spielen. Eine Erkenntnis, die spät, aber noch nicht zu spät kam. Ich be-
gann eine kaufmännische Ausbildung, mein Leben hat einen anderen

Weg genommen. Einen, den ich inzwischen mit Freude gehe. Danke sage ich allen, die mir das ermöglicht haben."

Verantwortung mit Blick in die Zukunft zu tragen, bedeutet, wie eben gelesen, den jungen Menschen in seiner Lebenskompetenz zu stärken, das heißt, einen ganzheitlichen Ansatz in der Ausbildung junger Talente zu wählen. Trainer, Geschäftsführung, Schulleitung, Lehrer, Eltern und alle anderen Wegbegleiter im Netzwerk müssen die Durchführung einer dualen Ausbildung befürworten. Natürlich gilt dem Talent von allen Beteiligten uneingeschränkte Unterstützung auf dem Weg zum Karriereziel Fußballprofi. Dennoch muss parallel die Persönlichkeit positiv entwickelt werden. Dazu zählt, wie eben geschildert, die Einsicht zur gesunden Lebensweise. Aber genauso muss ein junger Leistungssportler auch über sich selbst wissen, was kann ich außer Fußball spielen leisten. Eine zentrale Frage, die ihn schützt, nach einem nicht vorhersehbaren frühzeitigen Karriereaus trotzdem einen erfolgreichen Lebensweg zu gehen. In erster Linie ist es die Aufgabe der Eliteschule, in Zusammenarbeit mit dem Fußballverein Wirtschaftsunternehmen zu finden, die Interesse an jungen Menschen zeigen, die eine Persönlichkeitsförderung mit Schlüsselqualifikationen erfahren haben, die auch in ihren Unternehmen gefragt sind. Disziplin, Teamfähigkeit, Respekt, Leidenschaft und Kritikfähigkeit gehören z.B. dazu. Somit profitieren alle Beteiligten von diesem Konzept. Meine Erfahrung hat gezeigt, dass durch persönliche Ansprache viele regionale Wirtschaftsbetriebe Interesse zeigen und Unterstützung zusagen, auch weil sie die Faktoren, die wir in der Persönlichkeitsentwicklung favorisieren, als maßgeblich in ihrer Firmenphilosophie verankert haben. Vereinbarungen zu Inhalten der Kooperation sollten schriftlich fixiert werden. Dazu zählen u.a. seitens der Unternehmen, Freistellungen für Auswahlspiele oder

Zusatztrainingseinheiten zu ermöglichen. Andererseits gewährleisten Schule und Verein, ihre gemeinsamen Ziele in der Persönlichkeitsentwicklung durch entsprechende Maßnahmen zu realisieren. Zukünftige Auszubildende mit einer hohen sozialen und personalen Kompetenz werden immer bevorzugt eingestellt. Anfang des Jahres las man in der Wirtschaftszeitung Handelsblatt Interessantes über die „Generation Zukunft": In wochenlanger Recherchearbeit mit einer Vielzahl von Gesprächen mit Beratern und Vorstandsmitgliedern hat die Handelsblatt-Redaktion die 100 Hoffnungsträger der zweiten und dritten Managementebene identifiziert und stellt sie ab heute in einer Serie vor. Der Faktor Mensch, das haben die deutschen Unternehmen erkannt, ist zu wichtig, als dass man ihn ausgliedern könnte. Die Produktion wird nach Osteuropa verlagert, die Call-Center in die Türkei, die Entwicklungsarbeit vergibt man an ein eigenständiges Unternehmen. Die Chefriege aber wird in der Regel im eigenen Unternehmen geformt, am besten im In- und Ausland. Denn die Generation Zukunft ist das Wertvollste, was ein modernes Unternehmen seinen Aktionären und Mitarbeitern zu bieten hat."[14] Hier wird wieder der Faktor Mensch als Auswahlkriterium für die neue Generation der Manager in den Mittelpunkt gestellt, d.h., gefragt ist eine hohe Sozial – und Personalkompetenz. Junge Menschen, die das Unternehmen selbst ausgebildet hat, haben die besten Aussichten auf Weiterbeschäftigung, weil die Generation Zukunft so wertvoll ist. Unterstützt durch diese Erkenntnis sollten die Kooperationspartner ihren gemeinsamen Weg mit und für die jungen Menschen festschreiben. Alle Beteiligten werden dabei auf der Gewinnerseite sein – das Unternehmen, das Mitarbeiter hat, die geprägt sind von der Verinnerlichung zentraler Werte, der Verein, der durch die

---

14 Bericht aus dem Handelsblatt vom 14. Januar 2011

ganzheitliche Ausbildung den besseren Fußballer erlebt, die Schule, die in ihrem Bildungsverständnis neben Leistungszielen, ihre Schüler zu verantwortlichen Bürgern für unsere komplexe Gesellschaft, befähigt. Somit werden alle Partner mit Blick in die Zukunft ihrer Verantwortung gerecht und erreichen durch kommunikatives und werteorientiertes Handeln eine Möglichkeit, dem Fußball heutzutage zu einem gesellschaftlichen Stellenwert zu verhelfen.

Die Deutsche Fußball Liga (DFL)

Dr. Reinhard Rauball ist Präsident der Deutschen Fußball Liga und stolz auf die Entwicklung im deutschen Fußball. *„International wird das deutsche Nachwuchskonzept als vorbildlich anerkannt".* [15] Insbesondere die technische und taktische Entwicklung hebt er in seinem Vorwort zum 10-jährigen Jubiläum der Nachwuchs-Leistungszentren hervor. Ermöglicht wurden die Erfolge demnach durch die *„infrastrukturellen Grundlagen ..., die Auswahl von qualifiziertem Trainerpersonal ... und die gute Kooperation mit dem DFB".* (DFL 2010) Die Deutsche Fußball Liga überprüft diese Voraussetzungen durch die Vorgaben im Lizenzierungsverfahren seit 2001. Die Vereine der ersten und zweiten Bundesliga sind verpflichtet, Mindestanforderungen für die Ausbildung zu erfüllen. Neben der Voraussetzung, die notwendige Infrastruktur mit geeigneten Rasenplätzen dem Nachwuchs zur Verfügung zu stellen, werden insbesondere die Qualifikationen der Trainer, der Einsatz von Fachkräften, wie z.B. Reha- und Techniktrainer, eine geeignete pädagogische Betreuung, die Kooperation mit Schulen und die Beschreibung einer Ausbildungsphilosophie jährlich überprüft. In jedem Leistungszentrum müssen hauptamtliche Trainer mit Fuß-

---

15 DFL-Sonderheft: 10 Jahre Leistungszentren 2011

ball-Lehrer-Lizenz beschäftigt werden. Auch die Zusammensetzung der einzelnen Kader ist vorgegeben. So müssen mindestens 12 Spieler, die für die deutsche Nationalmannschaft selektierbar sind, in jedem Kader gemeldet werden. Die Anzahl ist je nach Altersstufe ebenfalls begrenzt. Für eine U17 z. B. dürfen nicht mehr als 22 Spieler für das Leistungszentrum gemeldet werden. Konzentration der Leistung ist das Ziel für eine Steigerung der Effizienz. Auch die Anzahl der Mannschaften ist auf maximal eine für jeden Jahrgang ab der U12 beschränkt.

Eine weitere wichtige Aufgabe der DFL ist die Durchführung von Qualitätsanalysen mit dem Ziel, die Arbeit in den Leistungszentren noch effektiver zu gestalten, Wissen auszutauschen und allen zur Verfügung zu stellen sowie die Rolle der Vertreter für den Nachwuchs innerhalb der Bundesligavereine zu stärken. Im Rahmen einer Zertifizierung durch die belgische Firma Double PASS werden alle Vereine in den folgenden acht Dimensionen überprüft und mit Sternen von Null bis Drei ausgezeichnet. Neben der offiziellen Kategorie der Sterne wird zudem eine Prämie für gute Ergebnisse gezahlt. So kann ein Leistungszentrum bis zu 300.000,- € pro Jahr für 3 Sterne erhalten. [16]

Die acht Kategorien der Bewertung

1. Strategie und Finanzen
2. Organisation und Verfahren
3. Fußballausbildung und Bewertung
4. Unterstützung und Bildung
5. Personal
6. Kommunikation und Kooperation

---

16 Vgl. DFL-Sonderheft: 10 Jahre Leistungszentren 2011

7. Infrastruktur und Ausstattung

8. Effektivität und Durchlässigkeit

Mit der Erstellung dieses Kriterienkataloges konnte eine Vergleichbarkeit geschaffen, aber vor allem für die Clubs ein Instrument der Orientierung und Weiterentwicklung eingeführt werden. Trotz des hohen Konkurrenzkampfes und Wettbewerbs wurde die Ausarbeitung der Kriterien mit einer hohen Transparenz gemeinsam mit den Leitern der Leistungszentren entwickelt.

Der Deutsche Fußball-Bund (DFB)

Für das Ziel, ein Fußballprofi zu werden, kann der Sprung in die Jugendnationalmannschaften des Deutschen Fußball-Bundes ein weiterer Meilenstein sein. Ein Traum für fast jeden jungen Fußballer, bei einem großen Turnier um die Europa- oder sogar Weltmeisterschaft sein Können zu zeigen. Der Spieler rückt in einen medialen und sportlichen Mittelpunkt, wie es vorher nicht auszudenken war. Ein Titelgewinn mit der DFB-Auswahl löst einen waren Boom in der Nachfrage nach dem Talent aus. Berater und Vereine aus dem In- und Ausland stehen Schlange und unterbreiten ihre Offerten, das Telefon steht nicht mehr still, Medienvertreter, nicht nur der regionalen Presse, möchten porträtieren und Zeit für Gespräche haben, Fotos machen und Interviews durchführen. Der eigene Club bemüht sich um die Gestaltung der weiteren Zusammenarbeit. Die Forderungen steigen. Training im Lizenzspielerbereich für 16- und 17-jährige werden von Beratern, Spielern und Eltern häufig erwartet. Am liebsten möchten sie auch schon den ein oder anderen Einsatz im Profiteam erhalten. Finanzielle Forderungen erreichen einen vorläufigen Höhepunkt. Schließlich wähnen sich die Spieler nach einem internationalen Erfolg bereits kurz vor dem großen Ziel oder gehen davon aus, dass das Erreichen des Karriereziels Profi eine Selbstverständlichkeit ist. Mitnichten, auch wenn ihnen dies häufig durch ihr Umfeld suggeriert wird. Es ist der Eintritt in die schwierigste Phase. Die Zusammenarbeit des Deutschen Fußball-Bundes mit den Leistungszentren ist von einer hohen Verantwortung und Bedeutung für die Entwicklung des Spielers geprägt. Die Junioren-Nationalmannschaften sind eine Bühne, eine Traumfabrik, ein Showroom und gleichzeitig ein wichtiger und häufig unerlässlicher Ausbildungsabschnitt für den immer steiler werdenden Weg. Nirgendwo sonst können die Spieler solche Erfahrungen sammeln wie unter dem Druck von großen Turnieren.

Den Weg zum Profi begleitet der DFB in seinem Förderkonzept mit dem Eintritt in die DFB-Stützpunkte. Diese wurden 1998 über die jeweiligen Landesverbände eingerichtet und mit zwei Millionen DM für die 11- bis 12-jährigen und 3,2 Millionen DM für die 13- bis 17-jährigen durch den DFB unterstützt. Ein flächendeckendes Fördersystem sollte jedem Talent in Deutschland die Möglichkeit geben, entdeckt und gefördert zu werden[10]. So wurden in Deutschland bis heute 366 Stützpunkte für eine zusätzliche Förderung und Ausbildung von Talenten neben der Vereinsarbeit gegründet, in denen ein einheitliches Ausbildungskonzept durch DFB-Stützpunkt-Trainer angeboten wird. So können junge Spieler ab elf Jahren einmal in der Woche an einem zusätzlichen Training und darüber hinaus an regelmäßigen Freundschaftsspielen und Turnieren auf einem höheren Niveau teilnehmen. Der DFB fördert mit ca. 1000 Honorartrainern so ca. 14.000 Talente zwischen elf und 14 Jahren[2]. Die zweite Säule einer Top-Talent-Förderung ist die Arbeit der Leistungszentren. Seit 2001 gibt es verpflichtende

---

[10] Aus: Ergebnisse der Talentförderung DFB-Bericht Oktober 2010

Strukturen für die Lizenzvereine der 1. Bundesliga und seit 2002 auch für die Vereine der 2. Bundesliga, die im Lizenzierungsverfahren der Bundesligaclubs jährlich belegt und nachgewiesen werden müssen. Dies ist eine Aufgabe der Deutschen Fußball-Liga und wird im nächsten Kapitel näher erläutert. Durch die Steigerung der Trainingsumfänge auf bis zu acht Einheiten in der Woche für Top-Talente ist eine enge Zusammenarbeit mit Schulen unerlässlich. Ohne eine Abstimmung und Unterstützung durch die Schulen ist das Ausbildungsprogramm nicht zu leisten. So sind bis heute 29 Eliteschulen für den Fußball als weitere Säule der Ausbildung entstanden, die in enger Kooperation zwischen Leistungszentrum, DFB, Ministerien sowie Eltern und Spielern eine bessere Abstimmung zwischen schulischer und sportlicher Anforderung gewährleisten. Verpasster Unterricht durch Lehrgänge oder Turniere wird nachgeholt, Klausurtermine werden abgestimmt, zusätzliche Zeiten für Vormittagstraining zur Verfügung gestellt, die Hausaufgaben betreut und in Einzelunterricht individuell gefördert. Für ein junges Talent ist diese Betreuung und Unterstützung zwingend notwendig. Neben den strukturellen Voraussetzungen und Möglichkeiten gehören jedoch auch der Wille und die Einsicht dazu, eine duale Ausbildung in Sport und Schule zu fördern - sowohl bei Spielern und Eltern als auch beim Verein und beim DFB. Schließlich ist das Karriereziel Profi sehr dominant. Schulvertreter sehen sich häufig in der Rolle der Mahner und Kritiker. Sie benötigen für eine effektive Förderung die Befürwortung durch die Trainer. Dies ist Voraussetzung für die Wirksamkeit von individuellen Maßnahmen. Sie müssen den Spieler erreichen und seine Einsicht fördern. Diese Gedanken unterstützt auch Matthias Sammer in den folgenden Aussagen.

Nachdenken – Weiter- und Umdenken – Vorausdenken

Über die Entwicklung im Leistungsbereich Fußball
Ein Gespräch mit **Matthias Sammer, Sportdirektor des DFB**

Im Juni 2011 hatten wir die Möglichkeit, ein Gespräch mit Matthias Sammer über die wesentlichen Inhalte unseres Buches, u.a. Bildung und Persönlichkeitsentwicklung eines Jungfußballers, die Netzwerkpartner, z.B. die Rolle des Trainers, die sportliche Ausbildungsphilosophie u.v.m. zu sprechen und seine jeweiligen Meinungen, Motive und Botschaften sowie Visionen zu erfahren. Seine zentralen Botschaften mit den entsprechenden Begründungen und inhaltlichen Ausführungen haben wir wie folgt thematisch zusammengefasst:

Bildung und Persönlichkeitsentwicklung

1. Es muss eine Balance zwischen den Komponenten Geist und Körper geschaffen werden – diese Denkweise muss die Grundlage allen Handelns sein. Dann hören wir auf, über Geld zu reden.

„Wenn die Voraussetzung für eine körperliche und geistige Entwicklungsfähigkeit geschaffen wurde, dann hören wir auf, über Geld zu reden. Dann reden wir darüber, die jungen Menschen auf das Leben vorzubereiten. Denn es geht ja nicht nur um den Besuch der Schule. Bildung, die geistige Entwicklung, müssen junge Menschen genau aus diesem Handlungsmotiv erfolgen. Damit schafft man die Grundlage für eine erfolgreiche Lebenskompetenz. Unsere Spieler müssen begreifen, dass das, was sie jetzt tun, für ihre geistige Entwicklung entscheidend ist. Egal ob es einem leichter oder schwerer fällt, ob man Lieblingsfächer hat oder The-

mengebiete, die einem weniger liegen. So muss die körperliche Entwicklung gefördert werden, aber im Verständnis für das Motiv muss eine Balance zwischen beiden Komponenten hergestellt werden. Dieses Verständnis muss die Grundlage allen Handelns sein."

2. Wir brauchen die Schulbildung, und wir müssen es schaffen, auf die individuellen Stärken und Schwächen des Einzelnen einzugehen.

„Wir haben gesagt, dass man immer die höchstmögliche Schulbildung anstreben muss. Wenn ein Spieler talentiert ist, er vielleicht sogar U-Nationalspieler wird und die Haupt- oder Realschule besucht, dann kommen oft Gedankenprozesse ins Laufen. Man überlegt, sofort mit der Schule aufzuhören. Damit kommt man aber keinen Schritt weiter. Ich möchte eine Antwort finden auf die Frage: Warum denken unsere jungen Fußballer so? Daher kämpfe ich dafür, dass dieser Gedankengang sich wandelt und man die geistige und die körperliche Entwicklung selbstverständlich fortsetzen muss. Bildung darf nicht aufhören, wenn man das große Geldverdienen vor Augen hat und folglich die Notwendigkeit der geistigen Entwicklung für überflüssig hält.

Wir müssen eine Organisationsform finden, um dem gerecht zu werden. Ich persönlich habe Einzelunterricht bekommen, weil ich auch selbst in der Jugend in Auswahlmannschaften gespielt habe. Die Schule abzubrechen ist eine falsche Botschaft, weil niemand einen Lebenslauf vorhersagen kann. Niemand weiß, ob ein Spieler Profi wird, auch wenn er noch so talentiert ist, ob er verletzungsfrei bleibt, ob eine Krankheit dazu kommt, weitere äußere Einflüsse. Wir sind der Meinung, dass wir begreifen müssen, dass bei einem Menschen, egal ob er sich für den Sport oder gegen den Sport entscheidet, Bildung und die Persönlichkeitsentwicklung zu einem lebenslangen Prozess gehören. Es ist wichtig, einen

individuellen Lehrplan, der auf die Stärken und Schwächen jedes Einzel-
nen abgestimmt ist, zu organisieren."

3. Wenn ich Fußballprofi bin, habe ich Geld und brauche nichts
   mehr für meine geistige Entwicklung zu tun. So denken viele
   Jungfußballer - das ist eine Katastrophe. Ich muss begreifen,
   alles, was ich vorher gelernt habe, hilft mir in der Mitte meines
   Lebens, nämlich z.B. mit 35 Jahren nach dem Karriereende.

„Die Motivation in der Laufbahn ist sicherlich etwas stärker auf die kör-
perliche Komponente gerichtet, aber die geistige Bildung darf nicht gegen
null runter gefahren werden. Auch da müssen wir Mittel und Wege fin-
den, den Spieler zu sensibilisieren und ihn immer wieder unterstützen,
seine geistige Entwicklung voranzutreiben, beispielsweise durch ein
Fernstudium. Das kann über Jahre laufen, Zeit spielt eine untergeordnete
Rolle. Denn was ist, wenn der Fußballer 35 Jahre alt ist? Viele ehemalige
Spieler haben Schwierigkeiten nach ihrer Laufbahn, Glück und Zufrie-
denheit zu finden, weil sie für sich einen völlig falschen Anspruch haben
und sich zehn oder 15 Jahre nur mit Fußball beschäftigt haben. Dann
muss man sich fragen: Ich bin jetzt 35, ich war ein ganz großer Spieler,
die Leute haben mir zugejubelt, aber ich bin in der Mitte meines Lebens
und beginne jetzt eigentlich einen ganz neuen Lebensabschnitt. Dann
muss man begreifen, dass alles, was man vorher gelernt hat, an diesem
Punkt helfen kann. Sonst fängt man bei Null an. Ich rede von der Denk-
weise, dass man eigentlich nach der aktiven Karriere ein absoluter Lehr-
ling ist. Dafür müssen wir schon während der Laufbahn sensibilisieren;
Motive und Motivationen schaffen, um sich damit auseinander zu setzen.
Das ist die Aufgabe aller im Netzwerk um den Spieler eingebundenen
Personen, eben dieses zweite Standbein zu schaffen und zu unterstützen.
Das ist mein Motiv, wofür ich kämpfe. Ich habe gar keine Lust, Fragen zu
beantworten, ob ich gut finde, wenn junge Spieler die Schule abbrechen.

Das kann doch nicht die Motivation sein in der Begegnung mit unseren jungen Spielern, dass wir das auf das Materielle reduzieren. Wir müssen einfach nur dafür sensibilisieren, dass das Leben immer in der richtigen Balance zwischen Körper und Geist gehalten werden muss, besonders sogar für einen Leistungssportler, der mehr in der körperlichen Anforderung die Herausforderung sieht. Damit stärken wir auch die individuelle Persönlichkeitsentwicklung, setzen Werte in seiner Ausbildung fürs Leben und stärken das Motiv, Leistung zu erbringen in allen Lebensbereichen."

4. Bildung muss man unabhängig von finanziellen Voraussetzungen sehen, es dient dem Wohlbefinden des Menschen, sich mit anderen Themen auseinander zu setzen. Es ist eine menschliche Notwendigkeit.

„Nur auf die Karte Fußball zu setzen wäre grundsätzlich falsch. Wir wissen alle, dass Fußball aus Erfolg, aber auch aus Misserfolg besteht. Dementsprechend muss man sich auch anderen Themenfeldern widmen, um so eine gewisse Stabilität und Kreativität in seiner Denkweise zu bekommen und zu fördern. Auch, damit die Kreativität sowohl im Lernen als auch im Fußballspiel zurückkommt. Ich halte das auch unter psychologischen Gesichtspunkten für einen Schwerpunkt in unserer Ausbildungsphilosophie. Aus eigener Erfahrung weiß ich, wie schwierig es ist, die Konzentration neben dem Fußball auf andere Motive zu lenken und nachhaltig zu verfolgen.

Zum Beispiel kenne ich es von Trainerlehrgängen. Die meisten Trainer sind ja nicht erst 19 Jahre alt, sondern eher 35. Denen fällt es meist schwer, sich über einen längeren Zeitraum zu konzentrieren. Jetzt in meiner Aufgabe als Sportdirektor fiel es mir zu Beginn auch viel schwerer, mich über einen längeren Zeitraum mit komplexen Themen konzeptionell auseinanderzusetzen. Heute aber ist es ein ganz wichtiger Be-

standteil meiner Arbeit. Daher würde ich meinen, dass wir in der grund-
sätzlichen Denkweise einfach dafür sensibilisieren müssen, dass die geis-
tige Entwicklung und die Gehirntätigkeit den gleichen Trainingsprinzi-
pien unterliegen. Ich war selbst sehr auf Fußball konzentriert. Dann mit
30 und der Infektion in meinem Knie fiel es mir sehr schwer, mich auf
andere Sachen zu konzentrieren. Als ich dann meinen Trainerlehrgang
gemacht habe, dachte ich abends, mir platzt der Kopf. Ich konnte kaum
mehr etwas aufnehmen.

Bildung muss man unabhängig von finanziellen Voraussetzungen
sehen, es dient dem Wohlbefinden des Menschen, sich mit anderen The-
men auseinander zu setzen. Wenn wir diese Denkweise in unsere Aus-
bildungsphilosophie wieder hineinbekommen, wird es dann auch wieder
möglich sein. Ein junger Spieler beendet gerade die Schule, ob Mittlere
Reife oder Abitur ist egal, Er macht sich dann, vielleicht mit einem Bera-
ter, auch für die geistige Entwicklung einen kleinen Karriereplan. Es
kann ja sein, dass man sagt, jetzt konzentriere ich mich auf den Fußball.
In einer guten Beratung findet man einen passenden Zeitpunkt. Die Be-
rater nehmen in diesem Bereich eine sehr wichtige Rolle ein."

Die Rolle des Trainers

5. Das muss uns gelingen – Der Trainer ist Ausbilder und Erzie-
    her.

„Wenn es uns gelingt, die Botschaft zu vermitteln, dass der Trainer
gleichzeitig Ausbilder und Erzieher ist, dann machen wir einen wichti-
gen und richtigen Schritt in die richtige Richtung. Als Trainer muss
man wissen, dass man bei einem Spieler natürlich die körperlichen Ent-
wicklungsfähigkeiten sehen muss, aber genau so auch auf die charakterli-
che Ausbildung Wert legen muss."

6. Der Trainer ist der Schlüssel zum Spieler, trotzdem wissen viele Jugendtrainer über ihre Spieler viel zu wenig Bescheid. Heute ist der Berater die Bezugsperson.

„Der Trainer ist der Schlüssel zum Spieler. Zu jedem einzelnen und zum Ziel, eine Mannschaft zu formen. Aber wir sind in der Realität angekommen. Die Realität kann man so darstellen, dass der Einfluss des Trainers auf die Denkweise des Spielers und damit natürlich auf sein gesamtes soziales Verhalten nahezu vollkommen in den Hintergrund getreten ist. Viele Jugendtrainer wissen über die Lebenswirklichkeit ihrer Spieler viel zu wenig Bescheid. Ich glaube, dass mit der Denkweise der Leistungszentren und der Hauptberuflichkeit einfach auch wieder ein höheres Engagement der Trainer gegeben ist, sich ganzheitlich mit den Spielern auseinander zu setzen. In dieser Entwicklung wirkt ein weiterer Faktor mit - die Beratertätigkeit. Wenn wir die Bereitschaft mitbringen, Denkweisen bei unseren Trainern zu verändern, dann ist das nur eine Seite der Medaille. Die andere ist, dass der Trainer nicht die Haupt-Bezugsperson ist, sondern auch der Berater. Deshalb muss man darauf achten, dass auch die Trainer einige Entwicklungsstufen durchlaufen. Es ist nicht von Nachteil für den Trainer, wenn er anfängt sich mit diesen Situationen auseinander zu setzen. Wir müssen gemeinsam dies als unser Ziel postulieren: Die Stärkung der Rolle des Trainers in der Ausbildung, also auf der sportlichen und der interaktiven Ebene, also der Beziehungsebene."

7. Wenn ich als Trainer selbst keine Persönlichkeit bin, kann ich auch keine formen.

„Ein wichtiges Persönlichkeitsmerkmal ist, auch den anderen, gleich ob jüngere oder ältere Menschen, mit ihrem Meinungsbild zu respektieren. Die Fähigkeit, mit Kritik umzugehen, ist ein zentrales individuelles

Merkmal. Trainer lassen Kritik oft nicht zu, weil sie den Begriff völlig falsch definieren. Deshalb ist es in der Kommunikation entscheidend, nach Mitteln und Wegen innerhalb einer Gruppe zu suchen. Ich glaube, dass es im Weg und in der Voraussetzung eines jeweiligen Trainers ein ganz wichtiger Bestandteil ist, auch innerhalb einer Mannschaft über Individualität und Struktur nachzudenken. Wenn wir heute über flache Hierarchien in einer Mannschaft reden, ist es wichtig, dass man flache Hierarchien nicht mit einem Meinungsbild verwechselt. Selbst wenn einer keine Führungsqualitäten hat, gibt es manchmal ein oder zwei Spieler, die verbal oder non-verbal Führungseigenschaften erkennen lassen und die eine Gruppe mit ihrer Führungseigenschaft anführen. Wir haben versucht zu kategorisieren in Teamspieler, Individualisten und Führungsspieler, um Menschen nach ihren individuellen Fähigkeiten in eine jeweilige Kategorie einzuordnen. Trotzdem muss jedes Meinungsbild anerkannt und respektiert werden. Kommunikationsfähigkeit die wichtigste Methode. Wenn ich selbst keine Persönlichkeit bin, kann ich auch keine formen."

8. Trainer müssen den Mut haben, jungen Menschen das Erziehungsziel so nahe zu bringen, ohne dass wir immer nach Harmonie und Sympathie schreien.

„Man muss Kritik äußern und den Mut haben, ehrlich zu sein. Man muss sich auch in Denkprozesse einbringen, die manchmal unangenehm sein können. Wichtig ist, dass der Draht der Kommunikation aufrecht erhalten bleibt. Der Spieler muss die Erfahrung machen, dass die Tür für ihn immer offen steht. Man muss einen Mittelweg finden zwischen der Direktheit und dem Unangenehmen und sich damit auseinander zu setzen, auch Reizpunkte zu setzen. Ich persönlich habe von den Menschen, die draufgehauen haben, mehr profitiert, als von denen, die Harmoniesoße ausgeschüttet hat. Deshalb ist meine Überzeugung, dass wir einen Mit-

telweg gehen und den jungen Menschen Reizpunkte setzen müssen. Die Jungen sollen von der Erfahrung der Älteren profitieren. Als ich 2006 zum DFB kam, bestimmte der antiautoritäre Führungsstil die Denkweise. Aber wir müssen doch diese Prozesse aktiv beeinflussen, über die Methoden reden und einen gemeinsamen Weg finden. Junge Menschen fordern heutzutage Leitung ein. Der Trainer übernimmt diese Aufgabe, aber er hat es schwer, auf der Beziehungsebene den Zugang zu erlangen."

Tradition und Moderne im Einklang – das Erfolgsrezept

9. Wir sollten uns immer an den Besten orientieren. Spiele auf Augenhöhe müssen wir wieder gewinnen.

„Ich glaube zu den Spaniern fehlt uns im Nachwuchsbereich folgendes: Wir begreifen, dass wir aus unserer Tradition Stärken haben. Leider entwickeln wir diese wichtigen Grundlagen wie Siegermentalität, Leidenschaft leider nicht mehr genug. Wir versuchen fortschrittlich zu denken, mit Technik und Taktik Mannschaften zu schlagen, die auch über Jahrzehnte ihre eigene Denkweise entwickelt haben. Wir müssen Moderne mit Tradition verbinden. Wir müssen uns besinnen auf traditionelle Stärken. Ich vermisse Robustheit im Spiel gegen einen Gegner, der technisch besser ist. Robustheit und Mittel des Fairplay anzuwenden, Fairplay ist ein breiter Begriff. Reizpunkte im Spiel zu setzen durch Körperhaltung und Körpersprache. Auch, wenn ich sportlich unterlegen bin, ist durch Körpersprache zu signalisieren, dass wir selbst siegen wollen. Im U-Bereich vermisse ich manchmal diese Siegermentalität. Wir brauchen bei aller Denkweise über das Moderne im Spiel auch das einfache Üben der Fertigkeiten. Ich bin ein Verfechter der Einstellung, dass wir irgendwann die Nummer eins werden, wenn wir einen guten Mix finden zwischen den Stärken der Vergangenheit und der modernen Ausbildung. Spiele auf Augenhöhe haben wir früher fast alle gewonnen, heute verlie-

ren wir sie meist. Die Spanier haben in der Talentsichtung ihre Motive geändert, nämlich das, was wir heute machen, schnelle und bewegliche Spieler auf Positionen fußballerisch stärken. Sie sind immer gelobt worden, haben aber nie etwas gewonnen und haben daraus den Schluss gezogen, dass sie mental starke Spieler brauchen. Unsere Jungs sollen sich weder von den Erfolgen noch den Misserfolgen blenden lassen. Wir müssen wieder reden über Mentalität, Persönlichkeit oder Willenseigenschaften. Grundordnung und vertikales Spiel sind auch wichtige Bestandteile, aber für mich haben sich ein paar Verhältnismäßigkeiten verschoben. Wir müssen uns mit unseren traditionellen Stärken nicht verstecken. Wir müssen mental stark genug sein, um Aggressionen eines Gegners Paroli zu bieten und uns dann im Spiel durchzusetzen. Gewinnen wollen ist ein wesentlicher und zentraler Bestandteil der Ausbildung. Leistung, Bildung und die Rahmenbedingungen - für diese Denkweise stehe ich und werde ich auch weiterhin kämpfen."

10. Angst ist kein schlechtes Motiv, sondern ein guter Bestandteil des Lebens in bestimmten Situationen.

„Ich möchte nochmal zum Abschluss etwas zur Denkweise der Moderne formulieren. Es geht um Leistungsanforderungen, Druck und Leistungsprüfungen. Mit Freude kann man nur Dinge in der Bildung zum Beispiel aufnehmen. Im Leistungssport ist das meiner Ansicht nach falsch. Jedes Kind hat vielleicht Freude beim Lernen, aber genauso hat jeder Angst vor der Prüfung. Angst ist kein schlechtes Motiv, ängstlich oder aufgeregt sein, dass versuchen wir jedem Spieler zu erklären, ist ein guter Bestandteil des Lebens in bestimmten Situationen. Der Gedanke, dass etwas abverlangt wird, dass eine Prüfung bevorsteht, verursacht bei vielen ein Gefühl der Angst. Angstgefühle und Unsicherheiten vor Prüfungen sind normal und müssen sogar da sein. Das ist ein wichtiges Gefühl, weil es die Sinne schärft. Wenn wir heute Quatsch machen, sind alle

dabei, wenn dann aber Veränderungen und Schwierigkeiten auftreten,
fehlen einige. Die Jungs sind meist gar nicht darauf vorbereitet, dass
dieses Gefühl nichts Schlimmes ist. Druck gehört zum Leben dazu und
entsteht in normalen Lebenssituationen, genauso wie Freude."

Zusammenfassung Netzwerk

Sicherlich unterscheiden sie sich je nach Alter und sportlichem
Ranking des Talents, die Netzwerkpartner. Sie verändern sich in
ihrer Bedeutung für den einzelnen, es gibt zeitlich begrenzte Partner (z. B. die Mediziner), aber auch dauerhafte (z. B. die Eltern).
Die emotionale Nähe skizziert auch die Intensität einer Beziehung.
Nun wissen wir aus unserer Erfahrung um die Fülle wichtiger
Menschen im Umfeld eines Talents, gleichzeitig erkennen wir
auch in der Arbeit dieses Personenkreises nur durch grundlegende
einheitliche und verbindliche Maßnahmen die erfolgreiche Strategie und die Bedeutung eines Partners im Netzwerk genauso wie
sein Verständnis in seiner Rolle. Sie sollte als Dienstleister definiert
und durch Transparenz und Verbindlichkeit geprägt sein.

Entscheidend wird sein, wie die Kommunikation mit allen
Partnern verläuft, um letztendlich im Netzwerk eine Chance für
den Erfolg zur Zielerreichung und damit zur parallelen Ausbildung zu leisten. Verbindlichkeit in der gemeinsamen Zielsetzung
muss zu einem von allen mitgetragenen Handlungsmodul werden. Erinnern wir uns an die Aussagen von Ottmar Hitzfeld in
seinem Vorwort:

„Lebensfreude, Emotionen, Neugier und Leidenschaft müssen neben
Leistungszielen den Weg zum Fußballprofi kennzeichnen. Die Möglich-
keit parallel gefördert zu werden, das heißt, das Sportliche und Schulische
kann einhergehend weiterentwickelt werden und somit dem jungen Men-

schen die große Chance geben, trotz Leistungsfußball eben auch zu einem Menschen zu reifen, der in unserer heutigen Gesellschaft mit der erworbenen Lebenskompetenz unabhängig von dem schnelllebigen Geschäft des Fußballs eine erfolgversprechende Zukunft vor Augen hat."

Diese Chance sehen wir im Netzwerkaufbau um unsere Talente. Folglich auch hier wieder die Erkenntnis, dass Menschen das Miteinander prägen und damit richtungweisend einen Weg ebnen können und auch müssen. Das ist auch gut so. Alle möchten zur Erreichung des Karriereziels ihren Beitrag leisten, aber alle müssen in ihrer Haltung, in ihrem Denken und Handeln, immer vor Augen haben, dass der Weg, die Lebenswirklichkeit eines jungen, besonders talentierten Menschen, nie außer Acht gelassen werden darf. Zu schnell kann es sein, dass er sich in der Lebenswirklichkeit wieder findet, ohne dieser je realistisch begegnet zu sein. Darin besteht die Gefahr, den Lebensalltag nicht bewältigen zu können, weil die erwachsenen Menschen in seinem Umfeld sich dieser gesellschaftlichen Verantwortung nicht bewusst waren. Eben, weil sie nur das einseitige sportliche Ziel des Fußballprofis verfolgten und verführerische Dinge mitnahmen wie übertriebene finanzielle Bezahlung, große Autos, Reisen in die Fünf-Sterne-Hotels, aber das Wesentliche, die Entwicklung und Reifung zu einer Persönlichkeit mit Kompetenzen, das eigene Leben auch ohne den Fußball zu meistern, außer Acht gelassen haben.

Ebenso wird diese einseitige Ausrichtung auch die sportliche Entwicklung gefährden. Eine realistische Selbsteinschätzung, die Orientierung an Leistung und eine ganzheitliche Ausrichtung der Persönlichkeitsentwicklung sind unbedingte Voraussetzungen für eine erfolgreiche Bewältigung der Etappenziele. Beispiele haben wir aufgezeigt. Und genau an dieser Stelle greift oder muss das Netzwerk greifen. Menschen, die eher als Mahner, als Kritiker, als

Querdenker den Weg begleiten, unterstützen genauso das Ziel „Profi" zu werden wie die Wegbegleiter, die nur alles aus ihrem Verständnis heraus ableiten, um am Ende den Erfolg zu verbuchen. Wesentlich hierbei ist die Transparenz bei den gemeinsamen Zielvereinbarungen und dem Willen, genau so den Weg zu gehen, d.h. zielgerichtet und zukunftsorientiert. Dies kann nur gelingen, wenn um jedes Talent sein individuelles Netzwerk aufgebaut wird. Dies macht den Unterschied der Förderung aus. An dieser Stelle lassen wir das Kapitel mit einem Sinnbild enden. Das Netzwerk ist übertragen auf ein Spinnennetz, die Sicht auf ein komplexes Ganzes, das aus sehr vielen Fäden besteht. Je nachdem, welcher Faden durchgeschnitten wird, ändert sich das Bild, und damit ändern sich auch Wege und Lösungen. Denn mit dem Durchschneiden ändern sich die Bedingungen für die nächstgelegenen Fäden, vielleicht auch für das ganze Netz, besonders dann, wenn du einen Verankerungsfaden erwischt hast. Aus dieser Metapher sollte jeder mitnehmen, besser auf die Fäden der Lebenswirklichkeit zu achten, bevor man sie durchschneidet.

Darauf werden wir im folgenden Kapitel inhaltlich genauer eingehen – denn die Lebenswirklichkeit eines jungen Top-Talents hängt oft an einem seidenen Faden.

9 Schlussgedanken

Mit der Veröffentlichung unserer Erfahrungen und Erkenntnisse im Bereich der Förderung von Nachwuchsfußballern, möchten wir viele Menschen, die junge Fußballer trainieren, erziehen, begleiten, betreuen oder auch nur beobachten, sensibilisieren für das hohe Anforderungsprofil, das an die jungen Leistungssportler gestellt wird, sowohl in der persönlichen als auch in der sportlichen Ausbildung. Im Schlusskapitel begeben wir uns nochmal auf die wesentlichen Spielfelder in unseren Ausführungen über den Karriereweg zum Fußballprofi, jedoch stets bezogen auf den Aspekt „Bildung und Fußball im Einklang". Diese wesentlichen Spielfelder sind unsere zentralen Erkenntnisse im Laufe der gemeinsamen Arbeit, die wir nun folgend zusammenfassen:

Der Schlüssel zum Erfolg der dualen Ausbildung ist, Kommunikation und Bildung als Chance für den besseren Fußballer zu begreifen

Diese duale Ausbildung einzufordern ist eine absolute Notwendigkeit, alleine schon aus dem Motiv der Verantwortung für die zukünftige Lebenswirklichkeit. Sie scheint uns aber nur auf einem erfolgreichen Weg zu sein, wenn diese Botschaft von allen Wegbegleitern akzeptiert, transportiert, vor allem aber vorgelebt wird. Überall dort, wo Menschen sich begegnen, findet Kommunikation statt. Für unsere Top-Talente bedeutet dies die Begegnung mit Begleitern aus der Familie, dem Freundeskreis, der Schule, dem

Verein, dem DFB. Sie müssen erfahren, dass das Miteinandersprechen, sich austauschen, auch kontrovers diskutieren, Emotionen zeigen in ihrer Kommunikation einer der wichtigsten Schlüssel zum Erfolg auf ihrem Karriereweg ist. Kommunikation ist ein wesentlicher Bestandteil unseres Bildungsverständnisses. Im Alltag scheint sie so selbstverständlich, dass wir häufig nicht darüber nachdenken, auf welche Weise sie geschieht, wann und wo Missverständnisse entstehen und welche Konsequenzen dies für die Interaktion haben kann. Deshalb muss Kommunikation bewusst, ehrlich und transparent erfolgen. Was aber nie außer Acht gelassen werden darf, ist die Erkenntnis, dass – gleich welcher Inhalt die Kommunikation veranlasst – diese auf einer Beziehungsebene stattfinden muss. In einem Gespräch ist darauf zu achten, dass die sachliche und persönliche Ebene auseinander gehalten werden müssen. Sowie Matthias Sammer das beschrieben hat – der Spieler oder Schüler müssen immer das Gefühl haben, dass die Tür weiter auch nach unangenehmen Dialogen offen steht. Eine äußerst wichtige Erfahrung für einen jungen Spieler. Ein Einstellen der Kommunikation auf der zwischenmenschlichen Ebene bedeutet Stagnation und Frustration und ist für die Entwicklung der Persönlichkeit kontraproduktiv. Eltern müssen ermutigt werden, den Weg der schulischen Ausbildung genauso zu unterstützen wie den sportlichen. Sie müssen das Einsehen haben, dass Bildung den jungen Fußballer auch in seiner sportlichen Zielorientierung fördert. Dies muss über die Kommunikation in Schulen und Vereinen erfolgen. In den Schulen müssen die Lehrer und Schulleitungen durch Respekt und Anerkennung das junge Talent eine Wertschätzung erfahren lassen, und umgekehrt muss dies auch erfolgen. Denn Schulen, besonders die Eliteschulen des Fußballs leisten einen enormen Beitrag zur Förderung der dualen Karriere. Die Kultur der Wertschätzung und Anerkennung bedeutet auch eine

Verbesserung des Images unserer Top-Talente im Fußball. Obwohl fast alle heutzutage sich auf einem guten Bildungsweg befinden, wird der Fußballer immer noch gegenüber anderen Sportarten in seinem Bildungsstand abqualifiziert. Er leidet unter dem Vorurteil, eher ein ungebildeter Mensch zu sein. Diese Erkenntnis macht uns betroffen, da wir wissen, mit wie viel Engagement doch viele heutzutage den dualen Weg suchen. Deshalb müsste die öffentliche Wahrnehmung dahingehend beeinflusst werden, das Image des Ungebildeten als überholt anzusehen. Aber auch die sportlich Verantwortlichen in den Vereinen müssen zielgerichteter die Spieler auf dem Bildungsweg unterstützen und diesen auch einfordern. Sie sollten die Verantwortung übernehmen, dass die Individualität auch ihren Platz in der schulischen Weiterbildung findet, entsprechend der ganzheitlichen Ausbildungsphilosophie. Wir haben in unserer Begegnung mit zahlreichen unterschiedlichen „Typen" von jungen Nachwuchstalenten die Erkenntnis gewonnen, dass sie sich immer auf Bildung einlassen. Bei dem einen ist der Weg steiniger als bei dem anderen, sie brauchen mehr Führung, aber manchmal auch Druck oder Ermutigung. In den meisten Fällen suchen sie sich ihre eigenen Bezugspersonen auf ihrem Karriereweg aus, und genau diese müssen auf der emotionalen Ebene in den zentralen Bereichen den zwischenmenschlichen Zugang zum Spieler herstellen, um immer wieder Mut zu machen, die ganzheitliche Ausbildung umzusetzen.

Die Bedeutung der Rolle des Trainers im ganzheitlichen Ausbildungsprozess ist eine weitere zentrale Erkenntnis unserer langjährigen Arbeit. Ein Top-Talent arbeitet mit dem entsprechenden Jugendtrainer des Vereins, dem Auswahltrainer, dem DFB-Trainer, evtl. dem Fitnesstrainer oder dem Torwarttrainer zusammen. Die Qualität eines Trainers ist individuell zunächst an seiner Ausbildung, seinem Interesse u.a. an Weiter- und Fortbildungen und an seinem Erfahrungshorizont fest zu machen. Hinzu kommen wesentliche Merkmale, die seine Persönlichkeit kennzeichnen sollten, z.B. seine Kommunikationskompetenz. Darauf werden wir gleich zurückkommen. Ist der Trainer sich seiner immanent wichtigen Rolle gegenüber dem Jungspieler bewusst? Erkennt er die Möglichkeiten der Einflussnahme auf seinen Schützling? Setzen wir Matthias Sammers Definition voraus, der Trainer muss Ausbilder und Erzieher sein, so ergibt sich eine Vielzahl von Erwartungshaltungen und Aufgaben in seiner Rollenbeschreibung.

Doch die Erfahrung aus unseren Begegnungen mit Jugendtrainern sowohl von Bundesliga-Vereinen als auch vom DFB ist eindeutig. Es besteht ein sehr unterschiedliches Verständnis über die Rolle des Jugendtrainers, geprägt durch die eigene Persönlichkeit, den eigenen Anspruch, aber auch durch unterschiedliche Rollenerwartungen aus der jeweiligen Ausbildungsphilosophie der Verantwortlichen.

Unserer Auffassung nach sollte der Trainer sich zunächst über die Bedeutung seiner Möglichkeiten zur Einflussnahme auf die persönliche und sportliche Ausbildung eines jungen Menschen bewusst werden. Sicherlich kein Prozess, der nur durch Fortbildungen die notwendige Erkenntnis und Sensibilität schafft, sondern in erster Linie durch die reale Situation. Bei aller Individualität und Unterschiedlichkeit sowohl auf Seiten der Trainer als auch auf Seiten der Spieler muss eine Beziehungsfähigkeit hergestellt werden, um dadurch eine höchstmögliche Wirksamkeit in der Zusammenarbeit zu erreichen. Das heißt, Beziehungsfähigkeit, Vertrautheit, Begeisterungsfähigkeit können erst dann in einem Prozess zum Erfolg führen. Eine hohe Empathie, also eine hohe Einfühlsamkeit, muss zu den Fähigkeiten eines Jugendtrainers gehören. Dazu muss aber auch seine Persönlichkeit den Anspruch eines

Vorbildcharakters erkennen lassen. Die Nachwuchsspieler müssen ihren Trainer „so" erleben in der täglichen Arbeit, ansprechbar, sich für einen interessierend, einen respektierend, sich klar positionierend, auch emotional.

Nun kommen wir zu einem weiteren nicht unbedingt unproblematischen Anforderungswunsch: Der Trainer sollte kritikfähig sein, Kritik zulassen und konstruktiv aufarbeiten können. Hier, denken wir, sind zwei Voraussetzungen notwendig: zunächst der Umgang und die Interpretation des Begriffs Kritik. Er muss als konstruktiver und nicht nur negativer Ausdruck aufgefasst werden. Nur dann ist ein sich Einlassen auf Kritik möglich. Der nächste Schritt muss das Einbringen von Kritik und daraus folgende Strategieprozesse ermöglichen. Das bedarf seitens der Trainer einer hohen Methodenkompetenz. Geht man davon aus, dass Kompetenz mehr als Wissen ist, so muss der Ausbilder fähig sein, kommunikative Prozesse zu fördern sowohl innerhalb der Mannschaft als auch in der Interaktion zwischen ihm und dem Spieler, aber auch zwischen ihm und den Eltern, den Lehrern, den Verantwortlichen. Das Gefühl, dass Mitsprache und Mitdenken ein selbstverständlicher Tatbestand sind, muss wachsen. Dies erfolgt nur auf einer kommunikativen Beziehungsebene und muss durch Nachhaltigkeit fortwährend in der dualen Ausbildung seinen Platz haben. Dies zählt aus unserer Sicht zu den wichtigsten Fähigkeiten eines Jugendtrainers. Unterstützend auf die Realisation dieser Abläufe wirkt der Einsatz von kooperativen Lernformen im Bereich der Teamsitzungen, Spielanalysen usw.

Diese Lernform prägt auch heute die Unterrichtsentwicklung in der Schule. Somit schließt sich der Kreis in der dualen Ausbildung. In der Schule werden die Spieler zur Kritikfähigkeit und zum gemeinsamen Entwickeln von Strategieprozessen zur Aufarbeitung kritischer Ansätze angeleitet. Und dies könnte dann in den sportlich orientierten Teamsitzungen auch Anwendung finden.

Unsere Haupterkenntnisse, die sicherlich durch Abhängigkeitsstrukturen untereinander gekennzeichnet sind, beziehen sich letztendlich immer wieder auf den Karriereweg zum Fußballprofi. Entwicklungsprozesse, veränderte Denkprozesse in der Gesellschaft, in der Bildung zum Thema Leistungsfußball stellen die Individualität der jungen Sportler in den Focus.

Damit wird auch für die Zukunft deutlich, dass es nie den einen richtigen Weg geben wird, sondern nur einen Weg, der individuell auf die Karriere eines Top-Talents abgestimmt ist. Wir sind davon überzeugt, dass der Erfolg sich in erster Linie dann einstellt, wenn die sportliche und persönliche Ausbildung parallel – unterstützt durch eine hohe Kommunikation unter allen Wegbegleitern umgesetzt werden. Emotionen wie Freude, Siegeswille und Leidenschaft müssen diesen Weg ebenso kennzeichnen. In welcher Intensität, entscheidet auch hier die Individualität. Den Erfolg kann man nicht voraussagen, jedoch ihn durch viele Faktoren positiv unterstützen. Aber am Schluss bestimmt der junge Mensch selbst in hohem Maße seinen Erfolg. Vom Traum Fußballprofi bis hin zur Realität liegen lange, vielschichtige, ungewöhnliche, abenteuerliche und äußerst anstrengende Wege. Wir sind einen Weg über 10 Jahre gemeinsam gegangen, den der dualen Karriere zur Erreichung des Karriereziels Fußballprofi – aus Überzeugung und dem Wunsch, durch die parallele Förderung der persönlichen und sportlichen Fähigkeiten sowie durch die realen Begegnungen mit der Lebenswirklichkeit den besseren Fußballer als Profi zu erleben.

Wege entstehen dadurch, dass man sie geht (Franz Kafka)

MIX
Papier aus verantwortungsvollen Quellen
Paper from responsible sources
FSC® C105338

If you have any concerns about our products,
you can contact us on
ProductSafety@springernature.com

In case Publisher is established outside the EU,
the EU authorized representative is:
Springer Nature Customer Service Center GmbH
Europaplatz 3, 69115 Heidelberg, Germany

Printed by Libri Plureos GmbH
in Hamburg, Germany